LA NOUVELLE COLLECTION

ANDRÉ THEURIET

# LE BRACELET
# DE TURQUOISE

Avec un dessin de S. REICHAN

PARIS

G. CHARPENTIER ET Cie, ÉDITEURS

11, RUE DE GRENELLE, 11

1890

# LE BRACELET

# DE TURQUOISE

ÉMILE COLIN — IMPRIMERIE DE LAGNY

# LE BRACELET DE TURQUOISE

## I

La nuit de mai commence à velouter la vallée de l'Indre. La voiture — un landau poudreux, traîné par deux chevaux — roule tranquillement sur la route blanche qui va d'Azay-le-Rideau à Cormery en longeant la rivière... Sur le siège, le cocher mâchonne un bout de cigare éteint et de temps en temps fouette pour la forme ses bêtes insouciantes. L'équipage avance avec lenteur, mais les voyageurs qu'il contient ne s'en

plaignent pas, car ce sont de jeunes mariés
tout occupés à déguster cette sapide liqueur
de l'amour permis, dont les premières gor-
gées sont si délicieusement capiteuses. Le
mari, Georges Quesnel, a vingt-huit ans et
remplit depuis peu les fonctions de receveur
des domaines à Couzières ; la jeune femme
entre dans sa vingtième année et s'appelait
encore, il y a quatre jours, Fabienne des
Aubiers. Enveloppée dans un manteau de
voyage d'étoffe anglaise, elle est blottie dans
un coin du landau fermé ; elle a déposé sur
les coussins son chapeau rond et s'est coiffée,
pour être plus à l'aise, d'une dentelle noire
nouée en fanchon. Par l'ouverture de la
glace baissée, un rayon bleuâtre glisse dans
l'intérieur de la voiture et permet d'entre-
voir la mignonne personne de M$^{me}$ Georges
Quesnel. Cette demi-clarté découvre tantôt
un front étroit et blanc où frisonne sous
la dentelle un ébouriffement de boucles
blondes ; tantôt dans les interstices des cils
qui se rejoignent, les points lumineux de
deux yeux qui brillent comme des aigues-

marines ; elle caresse d'une touche argentée
le bout d'un nez retroussé, la rondeur des
joues où le moindre sourire creuse des fossettes, le joli dessin de la bouche qui s'épa-
nouit comme une fleur de chair, le relief
d'un menton un peu massif, et parfois laisse
deviner dans l'entre-bâillement du manteau
la ligne onduleuse du corsage où un bouquet
de muguet, piqué entre deux boutonnières,
répand une odeur de printemps. Même ce
vagabond de rayon lunaire commet de plus
grandes indiscrétions encore, car il trahit
Georges Quesnel qui a passé son bras autour
de la taille de son épousée et dont l'autre
main emprisonne les mains dégantées de
Fabienne.

Quesnel offre un échantillon assez agréable
de la beauté masculine, telle que la produit
le terroir tourangeau : de taille moyenne,
très brun, le teint coloré, les yeux bleus aux
paupières allongées ; une physionomie un
peu endormie, où il entre plus de finesse
que de distinction. — Sa barbe très soignée,
sa tenue correcte, révèlent par de menus

détails un garçon scrupuleux observateur
des conventions mondaines, un employé
rangé et discipliné, auquel les exigences
administratives ont donné de méticuleuses
habitudes d'ordre et de méthode. En dépit
du préjugé qui octroie aux bruns le privilège
de l'énergie virile, la force ne paraît pas être
la dominante de son caractère. On désire-
rait plus de fermeté dans les lignes un peu
empâtées de son visage, plus de décision
dans son geste, moins de douceur dans son
regard. Peut-être cela tient-il à sa situation
de jeune marié très amoureux ; mais à le
voir en ce moment, on a l'impression d'une
nature plus tendre que résistante, plus disposée à s'abandonner qu'à commander,
mieux organisée pour consentir que pour
refuser.

Du reste, à cette prime aube de la lune
de miel, il n'est pour lui question ni de volonté à imposer ni de résistance à combattre.
Les deux époux sont en plein dans cette
phase bénie et trop brève où par la grâce de
l'amour nouveau, les âmes se fondent, les

cœurs battent à l'unisson, les désirs sont
devinés et exaucés avant qu'on ait le temps
de les formuler, où le mari et la femme ne
font bien réellement qu'une seule person-
nalité en deux corps. Tandis que le landau
roule sur la route blanche, zébrée par la
mince silhouette des arbres de bordure, les
caresses alternent sur les lèvres du jeune
couple, avec des confidences cent fois répé-
tées et toujours neuves. Penchés l'un vers
l'autre, Georges et Fabienne égrènent le
chapelet de ces exquis enfantillages, si
dénués d'intérêt pour les indifférents, si
doux à entendre pour ceux qui s'aiment.

Georges rappelle à sa femme les moindres
détails des premiers temps où ils se sont
connus, alors qu'il était receveur dans un
petit bureau peu éloigné de Loches et qu'il
l'avait rencontrée au mariage d'une amie. A
dîner, on les avait placés l'un près de l'autre,
et tout d'abord ils ne s'étaient rien dit.
Puis, au dessert, les langues se déliaient, les
timidités s'évanouissaient. Fabienne lui con-
fiait son goût pour la valse, et le soir, au

1.

bal, ils valsaient jusqu'à trois fois ensemble.
Le lendemain, comme Fabienne et M. des
Aubiers s'en retournaient aux Viantais,
Georges et quelques autres amis les avaient
reconduits jusqu'à leur logis. Il marchait
un peu en arrière près de la jeune fille,
sans oser lui donner le bras ; Fabienne, tout
en cheminant, tortillait dans ses doigts un
brin de jasmin, et quand on prit congé les
uns des autres, il se trouva que ce jasmin
avait passé des mains de l'ingénue dans
celles du receveur. A partir de cette soirée, Georges avait senti la première pointe
d'amour pousser dans sa poitrine. L'hiver,
il faisait quatre lieues pour assister aux bals
de la sous-préfecture où Fabienne était invitée, et il s'en revenait le lendemain matin
à son chef-lieu de canton, le cœur tout fleuri
de chauds souvenirs. — A son tour, Fabienne lui raconte à quels signes elle a
deviné qu'il pensait à elle et comment, les
lendemains de bal, elle s'éveillait pour
guetter derrière un rideau le passage de
Georges s'en retournant à son village par la

route des Viantais. — « Dès ce temps-là, lui dit-elle, je me sentais un tendre pour toi... Tu te souviens du jour où tu avais apporté un bouquet de muguets à l'amie chez laquelle nous nous étions connus. J'étais vexée de voir que ces fleurs avaient été cueillies pour elle, je la jalousais de cette préférence et, quand elle eût le dos tourné, je lui volai une bonne moitié du bouquet que j'emportai en le cachant dans mon ombrelle repliée... »

Ils savourent avec délices ces légers souvenirs, doux à respirer comme des fleurettes d'avril cueillies au fond des bois. De souvenance en souvenance, ils descendent mollement le courant des jours où ils ont commencé à s'aimer et à se le dire tout haut, s'imaginant que personne ne s'en doutait, tandis que déjà l'histoire de leur mutuelle inclination défrayait les commérages de la ville de Loches. Ils n'étaient pas arrivés à l'heureuse conclusion du mariage sans difficulté, et leurs amours avaient été traversées par plus d'un obstacle. Lorsque, pour imposer silence aux méchantes langues et pour

mettre un terme à une situation embarras-
sante, Georges s'était présenté chez M. des
Aubiers afin de lui demander la main de sa
fille, celui-ci lui avait tenu à peu près ce
langage :

— Mon garçon, votre démarche m'agrée ;
vous avez une position honorable et Fabienne se sent du goût pour vous. Mais minute, entendons-nous bien !... Je n'ai pas de
dot à donner à ma fille ; ma femme et moi,
nous ne voulons pas nous dessaisir avant
notre mort, qui arrivera, je l'espère, le
plus tard possible. Fabienne aura un trous-
seau et deux mille francs comptants... Pas
un fifrelin de plus ! Voyez si cela vous convient et surtout si cela convient à votre
mère, car ma fille n'entrera jamais dans
une famille où on la regarderait de travers.
Allez donc tout d'abord quérir le consentement de M^{me} Quesnel... A cette condition
vous serez le bienvenu aux Viantais et nous
commanderons les violons. Sinon, votre ser-
viteur ; nous resterons bons amis, mais vous
ne serez pas mon gendre!

A la suite de ce petit discours très net, Georges n'avait plus qu'à aller trouver sa mère. C'est ce qu'il fit, mais non sans un désagréable battement de cœur. M<sup>me</sup> Quesnel était une maîtresse femme. Demeurée veuve de bonne heure avec un fils unique, elle possédait à Azay-le-Rideau une maison et deux ou trois closeries qu'elle faisait valoir. Georges, élevé sévèrement par elle, la craignait comme le feu. Frisant la cinquantaine, assez corpulente, mais bien conservée, haute en couleur, très brune avec des sourcils épais, de petits yeux noirs et un soupçon de moustache, elle avait la voix brève, le geste impérieux et l'accueil peu engageant. Elle aimait l'argent, méprisait les gens besogneux, accroissait chaque année son capital, et cette habitude de l'épargne la rendait positive et dure. Elle ne souffrait d'autre volonté que la sienne, et son despotisme absorbant n'avait pas peu contribué à paralyser chez son fils l'exercice de la volonté ainsi que l'esprit d'initiative. Dès les premiers mots hasardés timidement par Georges au sujet de son amour pour M^{lle} des Aubiers, elle lui fermait la bouche par un refus catégorique : — « Une fille sans dot, gâtée par son père, élevée par sa mère dans des goûts de dépense, une fille frivole ne songeant qu'à la toilette et au plaisir !... Non, non, M^{me} Quesnel n'entendait pas que son fils commît une pareille sottise ! Elle avait du reste d'autres vues et désirait le marier avec la fille du notaire d'Azay, une demoiselle accomplie, qui lui apporterait cent mille francs comptants, le jour du contrat. » Mais, pour la première fois, Georges, auquel son violent amour donnait une poussée d'audace, résistait et se rebellait. Aux injonctions de M^{me} Quesnel, il opposait l'entêtement des faibles, déclarant que si on ne lui donnait pas M^{lle} des Aubiers, il resterait célibataire. Là-dessus, la mère et le fils se séparaient froidement et un an se passait.

Dans l'intervalle, le notaire d'Azay, las d'attendre, avait marié sa fille, et Georges

avait été nommé receveur à Couzières.
Enhardi par ces deux événements, il avait
renouvelé sa requête avec insistance, et
M^me Quesnel, impatientée, craignant d'ailleurs que son garçon, poussé à bout, n'en
vînt à des sommations respectueuses et ne
lui demandât des comptes, finissait par lui
octroyer son consentement avec autant de
mauvaise grâce qu'un avare jette un morceau de pain à un pauvre. Elle était ai-
grie, irritée et déçue; elle ne pardonnait
ni à son fils ni à sa future bru de lui avoir
infligé un pareil crève-cœur. — « Tu t'en-
têtes, avait-elle écrit, à désobéir à ta mère
et à te mettre dans la gêne... A ton aise! Je
t'ai dit ce que je devais te dire et je n'ajou-
terai plus qu'un mot : tu sais que ton père
m'a avantagée et qu'il ne te revient que
quarante mille francs pour ta part... Je
t'en servirai la rente et tu me donneras dé-
charge de ma gestion. C'est le seul argent
que tu auras de mon vivant, je te le jure, et
si ton équipée te conduit à la misère, comme
je le prévois, ne compte pas sur moi pour te

tirer du fossé où tu auras volontairement
fait la culbute. »

Elle détestait Fabienne des Aubiers sans
l'avoir vue, et c'était à grand'peine que
Georges avait obtenu de cette terrible femme
qu'elle assistât à la cérémonie du mariage.
Elle était venue aux Viantais uniquement
pour ne pas froisser l'opinion publique et les
convenances, pour lesquelles elle avait un
certain respect ; mais elle s'y était montrée
revêche, renfrognée et glaciale. Elle avait
effleuré maussadement de son rude menton
barbu les joues délicates de la jeune mariée ;
pour tout compliment elle lui avait murmuré : « Ma chère, vous avez de la chance ! »
Et quand, à la sortie de l'église, Fabienne,
dans un mouvement de sensibilité, lui avait
exprimé combien elle était heureuse d'a-
voir épousé un homme qu'elle aimait tendrement, M^{me} Quesnel avait répondu d'une voix
rêche : « Vous êtes arrivée à vos fins et vous
pouvez en effet être heureuse ! » Elle était
repartie le soir même du mariage sans même
engager les jeunes époux à venir chez elle.

Ils avaient néanmoins cru de leur devoir de se présenter à Azay le surlendemain, et ils y avaient été reçus cérémonieusement, comme des étrangers. En vain Fabienne s'était évertuée à gagner le cœur de sa belle-mère à force de déférence et de bonne grâce, elle s'était heurtée contre un mur de granit. Au moment du départ, M^{me} Quesnel lui ayant tendu froidement la main, la jeune femme très émue s'était gentiment élancée vers elle et lui avait dit avec des larmes dans la voix :

— Oh ! madame, n'est-ce pas que vous essaierez de vous habituer à voir en moi la femme de Georges?

— Jamais ! avait répliqué l'implacable vieille dame, jetant sans remords cette dernière goutte amère sur le bonheur des époux.

Fabienne avait été blessée au vif par cette réponse cruellement mortifiante ; mais dans la chaude atmosphère de tendresse qui enveloppait les deux amoureux, la goutte d'amertume s'était rapidement évaporée.

2

Une fois au fond du landau qui les empor-
tait, Fabienne avait noué ses bras autour du
cou de Georges, en murmurant dans une
caresse :

— Qu'importe, puisque tu m'aimes, toi !

Et maintenant, dans les effusions de leurs
premières heures de complète liberté, ils
noient le souvenir de ces meurtrissures
d'amour-propre. Ils n'y pensent déjà plus,
tandis que la voiture roule sur la route de
Couzières, parmi les splendeurs de la nuit de
mai.

Les acacias qui bordent les talus sont en
pleine floraison. Leur molle odeur de fleur
d'oranger s'exhale dans l'air frais, mêlée
aux parfums plus forts des lilas et des chèvrefeuilles qui foisonnent autour des maisons de campagne du voisinage et qui, par
les glaces ouvertes, soufflent jusque dans le
landau leurs voluptueuses haleines. Au fond
des vergers, des centaines de rossignols
modulent des sérénades. Leur chant est si
puissant qu'il domine le bruit des roues et
le trot des chevaux. Cette nuit de parfums

et de musique semble créée exprès pour
servir de décor à ces printanières amours.
Fabienne et Georges se sentent royalement
heureux, et la plénitude de leur bonheur
leur fait trouver du charme aux moindres
détails du paysage. Ils s'extasient à propos
de la chanson des rossignols, à propos de
l'intimité pacifique des villages entrevus au
clair de lune. Chaque fenêtre qui brille dans
l'ombre leur suggère des idées de félicité
domestique ; ils imaginent volontiers que ces
lumignons qui rougeoient aux vitres éclai-
rent des couples aimants comme eux et ils
leur envoient un sympathique regard. Ils
éprouvent une fraternelle tendresse pour
tout ce qui les environne. Blottis l'un contre
l'autre, câlinement bercés par le roulis de
la voiture, ils ne se lassent pas de contempler les étoiles qui semblent danser dans le
champ étroit de la glace baissée.

Peu à peu des maisons jettent leur ombre
dans l'intérieur du landau, qui traverse
un pont et tourne sur la rive droite de
l'Indre.

— Nous voici arrivés chez nous, dit Georges
Quesnel.

— Déjà ! soupire Fabienne, il faisait si
bon voyager ainsi dans la nuit.

Le groupe d'habitations où se trouve le
logis du receveur est séparé du bourg par
toute la largeur de la rivière ; la maison
louée par Georges est une dépendance d'un
ancien couvent et s'appelle encore le Prieuré.
Elle dresse sur le bord d'un chemin om-
bragé de tilleuls sa façade tapissée de glycine, sa haute toiture de tuiles brunes sur-
montée d'épis faîtiers. Derrière s'étendent
un jardinet en pente et une prairie qui dé-
roule ses verdures jusqu'à l'Indre.

Lorsque, avec l'aide de Georges, Fabienne
est descendue du landau, la lune éclaire un
angle de la façade et argente les dernières
grappes lilas de la glycine, dont les
feuilles retombent jusque sur l'auvent en
saillie de l'entrée. Le Prieuré, dans la demi-
obscurité de la nuit transparente, offre un
aspect avenant et hospitalier. Il a bien l'air
d'un nid bâti pour loger des amoureux, et

Fabienne ne peut s'empêcher de s'écrier en serrant le bras de son mari :

— C'est gentil, et je crois que nous y serons bien !

Au même moment la porte s'ouvre, jetant sur le chemin le rayon d'une lampe que tient une vieille paysanne, coiffée du bonnet tuyauté tourangeau. C'est la femme de ménage qui est au service du receveur. Elle souhaite la bienvenue aux mariés, leur demande « leurs portements » et les introduit dans l'intérieur du logis, tandis que le cocher descend les bagages.

— Je vous ai préparé votre souper dans la *chambre à lit*, dit la paysanne à Fabienne, j'ai pensé que vous y seriez plus à votre aise ; même j'ai allumé dans la cheminée une bourrée de *javelles* pour vous *régayer*.

La table en effet est dressée dans la chambre à coucher de Georges ; — une pièce aux poutres saillantes, tapissée d'un papier bleu à dix sous le rouleau, sommairement meublée de quatre chaises, d'une table, d'une modeste bibliothèque et d'un lit en noyer.

2.

Le carrelage de briques, nu, à l'exception
de l'étroit espace masqué par la descente de
lit, donne une impression de froid, mais la
cheminée de pierre polie flambe gaiement.
Pendant que la vieille servante achève de
mettre le couvert, Georges prend une bougie
et propose à Fabienne de visiter la maison.

Le bureau est à droite, précédant la
chambre à coucher avec laquelle il commu-
nique. Georges fait remarquer avec satisfaction à sa femme, qu'on y accède par une
porte spéciale, de sorte qu'on n'a pas l'ennui
de voir le public circuler dans le corridor.
Fabienne trouve à ce bureau, encombré de
registres et de casiers noirs, un air rébar-
batif et prétend dédaigneusement qu'il y
règne une odeur de sciure de bois. De l'autre
côté du couloir s'ouvrent le salon et la salle
à manger; mais ces deux pièces, jusque-là
inhabitées, sont absolument vides. Les boi-
series peintes en gris, les papiers de tenture
gros vert, les plafonds à rosaces, examinés à
la vacillante lueur de la bougie ont un aspect
funèbre; des araignées ont tendu leur toile

dans les encognures; cela sent le moisi et le renfermé. Bien que Georges prétende que ce logement est une trouvaille et qu'il est envié par tous les fonctionnaires du bourg, Fabienne ébauche une moue désappointée et hoche la tête.

— En haut, ajoute le jeune receveur en élevant la bougie pour montrer l'escalier de bois qui s'enfonce dans l'ombre, en haut il y a encore une chambre d'ami et des greniers, que nous visiterons demain...

— Brrr! frissonne Fabienne en rentrant dans la chambre à coucher, ces deux pièces démeublées m'ont transie jusqu'aux os... Nous aurons fort à faire pour leur donner un peu de gaîté.

Cette visite l'a légèrement déçue, mais la vue du feu flambant, l'odeur de la soupe aux choux fumante, la mine appétissante du pâté flanqué d'une tarte et d'une jatte de fraises, lui redonnent un peu d'entrain. Ils se hâtent de s'attabler car ils ont un appétit de loups, et une bouteille de vin de Vouvray achève de les remettre au même diapason joyeusement tendre où ils se trouvaient en descendant du landau. Les joues de Fabienne se sont doucement rosées, ses grands yeux vert de mer scintillent, un joli sourire découvre ses dents très blanches et creuse dans ses joues des fossettes que Georges ne regarde jamais sans avoir envie d'y mettre un baiser. En dépit de son étourderie apparente et à travers la légère griserie du dessert, elle a gardé depuis le commencement du souper une idée fixe qu'elle roule dans sa petite tête blonde avec une persistance toute féminine. Tandis que Quesnel ébloui et ensorcelé lui prend les mains et l'attire à lui, elle pose chattement son front sur l'épaule de son mari et lui murmure à l'oreille :

— Promets-moi une chose !

— Laquelle, chérie?

— Promets-moi que tu me donneras carte blanche pour meubler et arranger à ma façon notre chez nous?

— Certainement... à une condition toutefois.

— Oh! déjà des conditions?... Vous n'avez pas confiance en moi, monsieur! .

— Si fait... Seulement je crains que notre bourse ne nous permette pas de meubler toutes les pièces à la fois... Peut-être serait-il plus sage de procéder progressivement?

— N'avons-nous pas les deux mille francs de mon père? Pour deux mille francs on a déjà beaucoup de choses, surtout quand on sait s'y prendre et profiter des bonnes occasions... Tu verras comme je m'y entends!...

Georges voudrait bien répliquer. Il a l'esprit pratique et se rend d'avance compte que deux mille francs ne suffiront pas aux dépenses que sa femme médite. Il avait espéré que Fabienne se contenterait, pendant la première année, d'habiter la chambre à coucher déjà meublée, et il avait calculé qu'on se bornerait à consacrer un millier de francs à l'installation modeste de la salle à manger et de la cuisine. Dans son idée, on aurait gardé le surplus comme un fonds de réserve destiné à parer aux événements imprévus et on aurait momentanément renoncé à acheter un meuble de salon. Il a la langue levée pour exposer ces prudentes considérations, mais il réfléchit que le moment n'est peut-être pas très bien choisi ; il craint de gâter les délices de cette première soirée dans « leur maison », en jetant au milieu d'une chaude effusion de tendresse la note réfrigérante des chiffres et des prosaïques remontrances. Il ne veut pas avoir l'air trop gratte-papier, trop *rond-de-cuir*, comme on dit irrévérencieusement dans le monde de sa belle-mère. Il tient, pour ce soir, à rester aux yeux de Fabienne un amoureux fervent pour qui les questions d'argent ne sont que secondaires. Il pense qu'il sera toujours temps de serrer les freins et d'enrayer, s'il s'aperçoit plus tard que sa femme va trop vite, et il lui répond en la serrant dans ses bras :

— Je m'en rapporte à toi, mignonnette... Seulement ne dépasse pas les deux mille francs.

— Sois tranquille !...

Le lendemain, Fabienne, toute à ses pro-

jets d'embellissements, parcourt la maison,
un carnet à la main. Elle toise les parquets,
mesure la hauteur des fenêtres, prend des
notes, hausse les épaules en constatant la
vétusté des papiers de tenture ; puis le surlendemain, tandis que Georges travaille avec
acharnement à son bureau, afin de combler
l'arriéré qui s'est accumulé depuis une semaine, elle monte dans la voiture qui fait le
service de Couzières à Tours et débarque rue
Royale par une claire après-midi ensoleillée.
Elle savoure tout d'abord le plaisir de jouer
à la femme sérieuse et de se promener seule
par les rues. Elle court les magasins, confère
avec les tapissiers qu'elle trouve très accom-
modants et revient triomphante au Prieuré,
par le courrier de six heures.

— Je n'ai pas perdu ma journée, s'écrie-
t-elle en sautant au cou de son mari, et si tu
savais comme j'ai été raisonnable !... Le tapissier de la rue de l'Intendance voulait
m'endoctriner et me faire choisir un meuble
en bois noir et satin broché. J'ai refusé
héroïquement. Je me suis contentée d'un

noyer ciré, tendu de reps bouton d'or, avec les rideaux pareils et le tapis en imitation de Smyrne.

— C'est déjà joli, hasarde le jeune homme, à combien tout cela reviendra-t-il?

— On n'a pas pu établir exactement les prix, tu comprends... Mais ce sera d'un bon marché inouï... Le tapissier passera demain pour voir notre salon... Il est très bien, ce tapissier, et très coulant en affaires... Il consent à être payé par acomptes.

— J'aimerais mieux être fixé tout de suite sur le prix et payer comptant, réplique Georges qui commence à dresser l'oreille.

— Tu t'entendras avec lui... Voilà pour le salon, pour notre chambre il y aura peu de chose à faire, seulement un tapis à poser sur les carreaux et quelques bibelots... Quant à la salle à manger...

— Ah! il y a encore la salle à manger?

— Naturellement, nous ne pouvons pas dîner dans le couloir... La salle à manger, c'est là où je triomphe... Figure-toi que j'ai trouvé une occasion exceptionnelle chez un

marchand de la rue du Grand-Marché... J'ai
mis la main sur une table, six chaises cannées
et un buffet-crédence, le tout en vieux chêne,
qu'on m'a laissés pour... Voyons, pour combien, crois-tu?

— Je ne sais pas, moi... trois cents francs.

— Tu plaisantes!... Des meubles en chêne
sculpté!... Non, mais cinq cents, et c'est
donné. On les apportera demain.. ; avec le
transport, l'emballage, et une grande natte
qui servira de tapis, cela me revient à six
cents francs...

— Eh bien! ajoute-t-elle en voyant la
mine effarée de son mari, tu n'es pas plus
enchanté que ça?... Moi qui croyais que tu
allais jubiler !

— Il n'y a pas de quoi... Six cents francs...
Ça fait un fameux trou dans notre petit capital. Je crains que tu n'ailles trop vite, ma
chérie, et que tu ne tranches trop dans le
grand... Notre modeste position ne nous permet pas des dépenses de luxe.

— Oh ! s'écrie plaisamment Fabienne,
« notre modeste position... trancher dans le

3

grand...; » il me semble que j'entends parler ta mère... Je t'en prie, chéri, ne prends pas ces airs-là: ils me rappellent trop les sermons de M^{me} Quesnel!

La discussion glissant sur une pente dangereuse, Georges estime qu'il est sage de ne pas la continuer. Il ne réplique donc plus et, d'après l'axiome : « Qui ne dit rien consent, » Fabienne interprète son silence dans le sens d'un acquiescement. Le lendemain, le tapissier arrive avec un de ses ouvriers. Il est reçu par la jeune femme, examine minutieusement la pièce à décorer, se livre à un métrage du parquet et des fenêtres, et promet d'exécuter la commande en conscience, au plus juste prix. Ce « juste prix » reste à l'état de vague approximation. » Fabienne, enchantée des promesses du fournisseur, rassurée par son air bon enfant, néglige d'insister pour avoir une évaluation précise. Inconsciemment peut-être, elle n'est pas fâchée d'en ignorer le chiffre exact, afin de ne pas être tourmentée par un remords ou gênée dans ses projets d'embellissement. Elle se

sent de l'argent en poche, s'imagine que son
trésor sera inépuisable et va fréquemment à
Tours pour presser les ouvriers et terminer
quelques emplettes. Elle n'est pas égoïste
d'ailleurs et souvent, au retour, elle rapporte
à son mari quelque bibelot destiné à lui
montrer qu'elle a pensé à lui. Elle se glisse,
le soir, dans le bureau où, solitairement,
Georges arrête ses registres. Elle l'embrasse
et, avec force chatteries, lui dit en posant
un paquet sur la table :

— Je ne t'ai pas oublié, mon petit homme,
et je t'ai fait une surprise ; devine !

Georges ne devine pas. Fabienne déficelle
le paquet avec une mystérieuse lenteur et
déballe sa surprise. Tantôt c'est un porte-
cigares trop lourd pour être mis en poche,
tantôt des vases en terre de Langeais pour
la cheminée du bureau, ou bien un buvard
en prétendue vieille étoffe orientale. Le jeune
homme pense tout bas que ces objets, in-
commodes ou inutiles, représentent un argent qui aurait pu être mieux employé ; mais
il est pénétré de reconnaissance en songeant

à la délicate attention de sa chère mignonne
Fabienne, et il la remercie avec attendrissement.

Cependant la maison commence à prendre
tournure. La chambre à coucher avec son
tapis, son armoire à glace et sa suspension,
n'est plus reconnaissable ; le buffet de la salle
à manger est plein de vaisselle de Gien imi-
tant la vieille faïence, la cuisine est garnie
de cuivres battant neuf. Et comme une cuisine suppose un cordon bleu, on a congédié
la femme de ménage. On a pris à sa place
une petite Berrichonne à figure de mouton,
qui remplit tour à tour les fonctions de sou-
brette et de cuisinière.

Un mois après, le ponctuel tapissier livre
sa marchandise et daigne venir en personne
installer le meuble du salon qui, décidément,
a un aspect très coquet. — La note aussi est
coquette : deux mille quatre cents francs,
sur lesquels Fabienne à versé six cents francs
comptant ; le surplus est payable par frac-
tions, de trois mois en trois mois. En somme,
les jeunes Quesnel peuvent dire comme ces

gentilshommes savoyards dont parle Talle-
mant des Réaux : « Nous avons fait ce que
nous devions, mais nous devons tout ce que
nous avons fait... » A la vue de ce total
inattendu de deux mille quatre cents francs,
Georges ne peut retenir une exclamation
d'effroi :

— Mais c'est énorme !... Tu m'avais dit que
pour quinze cents francs environ, nous en
serions quittes.

— Moi, mon ami? se récrie Fabienne,
comment aurais-je pu te fixer un chiffre ? Je
me suis bornée à te dire que le tapissier serait très arrangeant et très modéré dans ses
prix... En effet, je te défie de trouver ailleurs un mobilier comme celui-ci pour deux
mille quatre cents francs.

— Possible... mais nous voilà endettés pour
longtemps.

— Bah !... songe qu'en donnant cent francs
par mois, nous nous libérerons sans nous en
apercevoir...

Pour se consoler, Georges a la ressource
d'admirer ce mobilier luxueux, dont le ver-

3.

nis neuf et les étoffes bouton d'or jurent
étrangement avec le vieux papier de tenture
du salon. Encore n'a-t-il pas ce plaisir longtemps, car Fabienne, qui est une femme
d'ordre, enfouit chaises, fauteuils et canapé
sous des housses de coutil, en attendant qu'on
puisse les exhiber aux notables de Couzières.

Vers la Saint-Jean, M^{me} Quesnel se dé-
cide à rendre aux jeunes mariés la visite
qu'ils lui ont faite. Fabienne éprouve une certaine fierté à montrer comme elle a bien or-
ganisé son intérieur et comme Georges s'y
trouve heureux. Afin de gagner les bonnes
grâces de la vieille dame, elle commence par
lui faire voir l'armoire où le linge, noué avec
des faveurs bleues, est élégamment empilé,
puis la cuisine dont les cuivres et les ferblan-
teries, fourbis au tripoli, ont un éclat d'or et
d'argent. Elle s'attend à des éloges, mais
l'austère matrone ne veut pas lui donner cette
satisfaction ; elle se contente de tout inspec-
ter silencieusement en pinçant les lèvres. On
arrive enfin au salon dont les housses ont
été enlevées. A l'aspect du meuble en noyer

ciré, du reps bouton d'or, de la garniture
de cheminée et des jardinières pleines de
fleurs, Quesnel mère fronce les sourcils,
hoche son menton barbu dont les poils se
hérissent ; la constatation de ce luxe peu
en rapport avec les ressources du jeune
ménage l'indigne ; elle ne peut plus se con-
tenir, et lançant un regard irrité à sa belle-
fille :

— Mon fils, grogne-t-elle, vous a logée
comme une duchesse... Il a l'argent bien mignon... Enfin, ajoute-t-elle avec un soupir
de pitié, pourvu que cela dure!

— Avant tout, dit Georges Quesnel, peu de temps après le passage de sa mère, il faudrait pourtant une bonne fois établir notre budget !

Ils étaient en tête-à-tête, après dîner, dans la salle à manger dont la fenêtre ouvrait sur le jardinet et sur les fonds touffus de la vallée de l'Indre. Fabienne, assise tout près de son mari et ayant croisé ses mains sur l'une des épaules de ce dernier, parlait des visites à faire chez les notables de Couzières et des entours, et insinuait qu'il lui faudrait pour la circonstance un chapeau d'été.

— Établissons-le donc, ce budget ! répondit-elle avec une moue ennuyée.

— Voyons, reprit Georges en ouvrant son carnet et en préparant son crayon ; alignons les chiffres...

Il se trouvait là dans son élément, car il se piquait d'être un comptable modèle ; quand il s'agissait de balancer des comptes, le tempérament maternel reparaissait en lui.

— Attaquons d'abord, ajouta-t-il, le chapitre des recettes... Nous avons en premier lieu mes appointements qui s'élèvent en moyenne à trois mille deux cents francs, plus la rente de deux mille francs que me sert ma mère, ce qui nous donne un total de cinq mille deux cents francs.

— Cinq mille deux cents francs ! s'écria la jeune femme, je ne nous croyais pas si riches... Alors tu peux bien me laisser les deux cents francs pour mes chapeaux.

— Un instant, interrompit Quesnel, passons maintenant au chapitre des dépenses :

1° Loyer de la maison, quatre cents francs, c'est pour rien, — ci.          400

2° Frais de bureau. . . . .          200

3° Les gages de ta domestique.  .    240

4° Chauffage, éclairage, impôts, cela fait au bas mot. . . . .    160

5° Le vin... Nous ne sommes pas grands buveurs et nous donnerons rarement à dîner ; nous pouvons donc nous borner à compter pour cet article. . . . . . . .    100

6° Dépenses de la maison... Ah ! dame, voici le plus gros chiffre, dix-huit cents francs.

— Il me semble que c'est beaucoup, objecta Fabienne, et que nous pourrions vivre à meilleur marché.

— Non, non, répliqua Georges, qui était, comme tous les Tourangeaux, un peu porté sur sa bouche... C'est une mauvaise spéculation que de se mal nourrir, le travail et la santé s'en ressentent ; c'est pourquoi nous maintiendrons la somme de. . . . . . . . . .    1.800

— Si nous ajoutons cent francs

pour les dépenses imprévues, — ci.    100

nous arriverons à un total de.  .  .   3.000
qui, retranché du total des recettes,
c'est-à-dire de.  .  .  .  .  .  .   5.200
nous laissera un excédent disponible

de.  .  .  .  .  .  .  .  .  .  .   2.200

— Tu vois ! s'exclama Fabienne triomphante, je puis bien m'acheter sans scrupules
un chapeau et même deux !

— Attends donc, se hâta de dire Georges :
nous ne sommes pas au bout... Tu oublies
que jusqu'à nouvel ordre nous devons payer
cent francs par mois à ton tapissier, soit pour
une année mille deux cents francs. Il ne
nous reste plus par conséquent, pour nos
dépenses d'entretien à tous deux, qu'une
somme annuelle de mille francs. Je ne crois
pas être exigeant en portant les miennes à
trois cents francs ; le surplus, sept cents
francs, est destiné à ta toilette, soit, par
mois, cinquante-huit francs et des centimes ;
or, comme je t'ai compté au commence-

ment de juillet soixante francs, si je t'aban-
donnais les deux cents francs dont tu parlais
tout à l'heure, notre budget ne serait plus en
équilibre.

— Tu crois ? murmura Fabienne, la mine
désappointée, je suis sûre que tu te
trompes.

Elle lui arracha le carnet et le crayon des
mains et recommença les calculs : mais elle
avait beau additionner et réadditionner, elle
arrivait toujours aux mêmes inflexibles ré-
sultats que son mari. Alors, de dépit, elle ba-
lafra la page de coups de crayon, embrouilla
les chiffres, puis jetant le carnet sur la
table :

— Tu m'ennuies, s'écria-t-elle, avec ton
budget auquel je ne comprends rien !... Du
reste, tu l'as arrangé de façon à trouver un
prétexte pour me refuser ce que je te demande... Par exemple, qu'avons-nous besoin
de consacrer dix-huit cents francs à la man-
geaille, quand nous pourrions très bien nous
nourrir pour quinze cents francs ?

— Ça, c'est ton affaire, riposta Georges

ironiquement, c'est toi qui as le maniement
des fonds destinés à ce chapitre, et si tu peux
réaliser des économies, je t'autorise volontiers à opérer un virement au bénéfice de
l'article toilette... Seulement, tu remar-
queras que, jusqu'à présent, loin d'économi-
ser, tu as été en déficit à la fin du mois.

Les femmes n'aiment pas qu'on leur
prouve qu'elles ont tort. Fabienne, malgré
ses charmantes qualités, était très femme sur
ce point. Mise au pied du mur, elle se fâcha,
et secouant les épaules :

— Je n'entends rien, répliqua-t-elle, à tes
expressions de bureaucrate, c'est comme si
tu me parlais hébreu, tu le sais bien, et tu
n'as qu'un but : déplacer la question... Il
s'agit de savoir si je puis sortir en plein mois
de juillet avec un vieux chapeau ?... Certes,
je ne suis pas dépensière et on ne préten-
dra pas que je te ruine en toilette... Seulement, j'ai ma petite fierté aussi, je tiens à
être propre et je ne veux pas qu'on rougisse
de toi en voyant ta femme coiffée d'un chapeau fané, quand nous irons en visite chez

4

le notaire ou au château des Courtils !

Les grands yeux de Fabienne étaient devenus humides. Cet éclat mouillé leur donnait
un charme de plus, une séduction irrésistible.
Georges fut saisi à la fois d'un remords
cuisant et d'une admiration attendrie, en
voyant des larmes perler au bout des longs
cils de sa femme. Il lui prit les mains, l'attira
près de lui et l'asseyant sur ses genoux :

— Tu me fais de la peine, murmura-t-il
en baisant ses beaux yeux humides ; ne
pleure pas, mignonne, il y a remède à tout...
Je me suis en effet trompé dans mes calculs ;
cette année, nippé comme je le suis, je puis
me contenter de cent francs pour mon entretien, et par conséquent te donner les deux
cents francs de surplus pour ta modiste...
Là, c'est entendu, signons la paix et viens
m'embrasser...

Cela finissait toujours ainsi. Les nuages
légers qui obscurcissaient un instant la sérénité
bleue de cette enchanteresse lune de miel,
se dissolvaient très vite, au souffle chaud du
condescendant amour du jeune receveur. Il

avait beau être imbu de sévères principes
d'ordre, toutes ses prudentes résolutions
étaient dissipées par la crainte de voir s'en-
voler le sourire de Fabienne ou de surprendre
une lueur chagrine dans ses yeux. Il ne se dis-
simulait pas le peu d'aptitude de sa femme à
diriger un ménage, il s'effrayait de voir l'argent lui couler comme de l'eau entre les
doigts ; mais le courage lui manquait pour
opposer un refus à tous ces caprices, qui se
formaient rapides et inconsistants comme des
bulles de savon et qui, comme elles, se seraient évanouis pour peu qu'ils eussent rencontré un obstacle sérieux. — Afin d'excuser
sa faiblesse, Georges se disait qu'il fallait
faire la part du feu. Il se laissait noncha-
lamment aller au courant des jours qui s'é-
coulaient toujours bleus, toujours pleins de
susurrements amoureux, à peine troublés
par quelques éphémères averses ; et pendant
ce temps la force de résistance du jeune
homme s'atténuait à mesure que le pouvoir
despotique des séductions de Fabienne s'affer-
missait davantage.

Le dimanche qui suivit la laborieuse édification du budget, Fabienne, très coquette-
ment coiffée d'un chapeau neuf couvert de
chèvrefeuilles, et Georges Quesnel serré dans
sa redingote noire, commencèrent leurs
visites officielles. Fabienne aurait eu bonne
envie de louer la victoria de l'hôtel du
*Cheval blanc*, pour arriver dans tout le lustre
de sa fraîche toilette au château des Courtils ; mais Georges avait tenu bon, objectant
que le temps était beau, les chemins secs, et
que d'ailleurs les habitants du bourg seraient
choqués de voir un simple receveur de canton
faire des visites en voiture.

Dès la veille, on savait déjà à Couzières
que les Quesnel devaient commencer leurs
visites ; aussi tout le bourg était aux portes
ou derrière les fenêtres, guettant le passage
des nouveaux venus, glosant sur la jolie
figure de la jeune mariée et critiquant sa toilette qu'on trouvait d'une élégance trop tapageuse. — Naturellement, les indigènes qui
s'attendaient à une visite n'avaient eu garde
de s'absenter, et le couple fut reçu partout.

Il débuta par la femme du percepteur, qui vint elle-même ouvrir la porte. C'était une ménagère, celle-là, une vraie, qui trimait la semaine durant pour raccommoder les hardes de ses cinq enfants, peinait comme une domestique, ne s'habillait proprement que le dimanche et ne pardonnait pas aux autres d'avoir un lot meilleur que le sien. La robe de foulard et le chapeau neuf de Fabienne la suffoquèrent. Toute la vertueuse aigreur qu'une existence besogneuse avait infiltrée en elle lui remonta aux lèvres et elle accueillit les visiteurs avec une politesse acerbe. Elle fit de fielleuses allusions au sort peu enviable des femmes d'employés en général, et à la folie de celles qui voulaient singer le luxe des gens plus riches. — Quant à elle, Dieu merci, elle savait rester à sa place et n'était pas assez sotte pour chercher « à sortir de sa sphère » ; elle ne se ruinait pas en toilettes inutiles et ne demandait à son mari que ce que sa position lui permettait de donner. — Les deux époux un peu décontenancés se hâtèrent de mettre un terme à ce désagréable entretien en se levant, et ils se retirèrent médiocrement enchantés de leur début.

En revanche, ils furent reçus très amicalement par la sœur du curé, — une quinquagénaire boulotte, empressée et verbeuse, qui les accabla d'obséquieuses prévenances. Elle leur dit qu'elle et son frère se louaient fort de l'arrivée d'un jeune ménage aussi distingué, en remplacement du précédent receveur, qui était un esprit fort et un homme mal élevé. Elle épuisa les formules laudatives au sujet de la mine gracieuse et de l'élégance tout à fait aristocratique de Fabienne ; elle laissa entendre que des jeunes mariés de si bon ton et de si belle tenue ne pouvaient que faire l'édification de la paroisse. En même temps, elle insinua que les personnes de Couzières, appartenant à la haute volée, M<sup>me</sup> de Rochefontaine, du château des Courtils, en tête, la choisissaient pour être l'intermédiaire de leurs bonnes œuvres, et elle prit la liberté de leur demander dix francs pour la Propagation de la

Foi. — Georges Quesnel se serait bien passé
de ce dernier compliment ; mais quand on a
une femme si élégante, peut-on refuser dix
francs à une excellente fille qui vous traite
de gens appartenant à la société aristocratique du canton. Il s'exécuta galamment et
quitta l'insinuante sœur du curé pour se
rendre chez la femme du notaire.

Celle-ci frisait quarante-cinq ans, jouait
au bas-bleu et dirigeait l'opinion libérale
avancée du chef-lieu. C'était une personne
assez imposante, tirant le meilleur parti possible d'un reste de beauté et cachant sous
des robes très montantes une maigreur
austère. Elle portait haut la tête et parlait
d'un ton sentencieux. Son salon était encombré d'un bric-à-brac de bibelots d'un goût
douteux : statuettes en stuc, japonaiseries
achetées au Louvre, fausses étoffes anciennes
et porcelaines de Saxe contestables. Sur les
tables s'étalaient des brochures sérieuses et
de vieux numéros de revue. La notairesse
recevait une fois par semaine et, le matin de
son jour, elle apprenait par cœur des articles

de journaux ou des pages d'économie poli-
tique, qu'elle débitait par tranches, le soir,
à ses habitués. Elle voulait faire concurrence
aux réceptions de M<sup>me</sup> de Rochefontaine, la
châtelaine des Courtils, qu'elle avait prise
en grippe et qu'elle nommait « la sirène du
parti conservateur » ; elle désirait pousser
son mari à la députation et se mettait en frais
pour attirer chez elle les politiqueurs
influents du canton. — Sans se départir de
son air majestueux, elle accueillit aimable-
ment le jeune ménage. Dès que Georges et
Fabienne furent assis, elle leur récita une
tirade sur l'isolement de la vie de campagne,
sur le peu de ressources intellectuelles qu'on
y trouve, et sur l'esprit arriéré des classes
dirigeantes. Elle ne manqua pas, à ce propos,
de décocher quelques-unes de ses flèches les
plus pointues sur la châtelaine des Courtils,
et crut devoir mettre les Quesnel en garde
contre cette veuve frivole, inconséquente,
qui ne pensait qu'au plaisir, recevait les
pires ennemis du gouvernement et pouvait
devenir une relation très compromettante

pour les nouveaux fonctionnaires. Elle fit,
par contre, discrètement l'éloge de son
propre salon. — Les hommes supérieurs du
canton fréquentaient chez elle, le préfet de
Tours y dînait, elle y recevait les journalistes
influents ; en somme, elle pouvait se flatter
de réunir autour d'elle tous les défenseurs
des idées de progrès et de liberté. Là-dessus
elle passa à l'exposé de ses théories poli-
tiques, conférencia sur le rôle de la femme
dans la société nouvelle et finalement
demanda à Georges s'il lisait l'*Émancipation
des femmes*. Sur la réponse négative du receveur, elle l'engagea avec insistance à lire
ce journal, rédigé par des notabilités fémi-
nines, et auquel, ajouta-t-elle en baissant
les yeux, elle collaborait elle-même de loin
en loin.

— Je me permets, continua-t-elle, de faire
de la propagande en faveur de cet organe,
et il faut que vous me promettiez de prendre
un abonnement.

Le moyen de dire non à la femme du premier notaire de la localité, à une personne

imposante, qui reçoit des journalistes et
donne à dîner au préfet! Le receveur promit
sa souscription tout en enrageant de ce nouvel accroc à son budget.

— Le prix de l'abonnement est modique,
poursuivit la notairesse en reconduisant
Georges et Fabienne jusqu'au seuil de son
salon, vingt francs par an... On vous pré-
sentera la quittance à domicile...

Les jeunes mariés s'acheminèrent silencieusement vers le château de M<sup>me</sup> de Rochefontaine.

— Que va-t-on me demander encore ici?
pensait Georges, tandis qu'ils franchissaient
la grille et marchaient sur le sable d'une
allée sinueuse, ombragée de magnifiques
tilleuls.

A un tournant, le château se montra tout à
coup en plein soleil. Sa façade blanche,
artistement sculptée, ses sveltes tourelles
en éteignoir, étaient encadrées dans des
massifs de marronniers et de frênes ; un
double perron descendait jusqu'à une verte
pelouse semée de corbeilles de fleurs écla-

tantes. Sur la verdure rase de la pelouse, des jeunes femmes en toilettes claires et des jeunes gens jouaient au crocket. Fabienne ouvrait des yeux émerveillés et respirait plus à l'aise dans ce milieu aristocratiquement élégant, qui flattait ses goûts et réveillait ses souvenirs de jeune fille. Devant le perron, un domestique en livrée prit la carte de Georges et la porta à M^me de Rochefontaine, qui se détacha du groupe des joueurs et se dirigea vers les arrivants.

M^me Gabrielle de Rochefontaine était une veuve de trente ans, fraîche, rose et potelée, très vive d'allure malgré un commencement d'embonpoint. Elle avait des cheveux châtains qu'elle teignait en blond, des yeux bleus rieurs, une bouche sensuelle et bonne, et surtout de splendides épaules dont la chair pulpeuse transparaissait sous la diaphane mousseline des manches et du corsage. Malgré sa réputation de frivolité et de coquetterie, Gabrielle de Rochefontaine était bonne personne, avenante, sans morgue et sans jalousie, très sensible à la beauté et au

charme partout où elle les rencontrait. Aussi,
en voyant la jeunesse, la grâce et la jolie
figure de Fabienne, la prit-elle immédiatement en gré. Elle accueillit de son mieux les
nouveaux venus, les conduisit dans un petit
salon meublé avec goût, dont les fenêtres
ouvertes laissaient entrer pleinement la gaîté
et la lumière du dehors ; elle indiqua un
fauteuil au receveur, attira la jeune femme
près d'elle sur un canapé, et mit tout de
suite ses hôtes à l'aise.

— Je vous remercie, dit-elle à Georges,
de m'avoir amené M^{me} Quesnel ; je ferai en
sorte qu'elle ne regrette point d'être venue
aux Courtils et je chercherai à la distraire
un peu. Elle va s'ennuyer à Couzières,
où les plaisirs sont rares et où, il faut l'a-
vouer, la société indigène n'est pas très
récréative... A votre âge, et charmante
comme vous êtes, ajouta-t-elle gracieuse-
ment en s'adressant à Fabienne, on doit
aimer le monde?

Et cette dernière ayant répondu affirmativement :

— Eh bien ! reprit M<sup>me</sup> de Rochefontaine, il faudra venir aux Courtils le plus souvent que vous pourrez... Du reste, si vous vous faites désirer, j'irai moi-même vous chercher au Prieuré.

Le ménage Quesnel se retira enchanté de la réception. Fabienne ne tarissait pas sur la grâce et l'aménité de M<sup>me</sup> de Rochefontaine. Celle-ci tint sa promesse et, une dizaine de jours après, la jeune femme la vit arriver au Prieuré, en toilette de campagne, abritée sous un grand chapeau de paille enguirlandé de roses, et s'appuyant avec une crânerie cavalière sur une haute ombrelle-canne. Elle fut très affectueusement démonstrative, embrassa la femme du receveur, l'appela familièrement « ma petite amie, ma jolie mignonne », et acheva de la séduire.

— Bien que vous soyez en pleine lune de . miel, lui dit-elle, il ne s'agit pas de vous enterrer toute vive au Prieuré... Promettez-moi de venir me voir tous les dimanches... Je vous présenterai à mes amis, je vous apprendrai à jouer au *tennis*, et de temps en

temps nous organiserons une petite sau-
terie.

Il n'en fallait pas tant pour monter la tête
à Fabienne. Elle ne jura plus bientôt que
par M$^{me}$ de Rochefontaine et les Quesnel ne
manquèrent pas une après-midi du dimanche
aux Courtils. Cette intimité avec le château
eut pour premier résultat de brouiller le
jeune ménage avec la femme du notaire.
Cette dernière ne pardonna pas à Fabienne
d'avoir mieux réussi qu'elle-même près de
Gabrielle de Rochefontaine. Elle l'accusa
d'être sotte, vaniteuse et superficielle ; elle
s'indigna hypocritement de la voir lancée
dans cette société dissipée, compromettante
et tapageuse ; s'apitoya sur l'aveuglement du
mari, assez peu sensé pour jeter sa jeune
femme dans un pareil milieu, et fit si bien
qu'elle indisposa contre les Quesnel toute la
coterie bourgeoise qui fréquentait son salon.

Fabienne n'en avait cure. Elle était toute à
la joie de vivre sur un pied d'intimité avec
de belles dames titrées, des jeunes gens aux
façons de *gentlemen* qui causaient sport,

montaient à cheval, valsaient à ravir et flir-
taient fort spirituellement. Georges Quesnel
partageait l'engouement de sa femme. Il
était un peu *snob* et sentait un agréable cha-
touillement d'amour-propre, en se voyant,
lui, fils d'une bourgeoise campagnarde,
traité en familier par M^{me} de Rochefontaine et ses hôtes. Au lendemain d'une réception, il éprouvait du plaisir à jeter négli-
gemment dans la conversation le nom des
comtesses et des personnages de marque
avec lesquels il s'était rencontré la veille. La
tenue gravement respectueuse des laquais
en livrée l'intimidait ; il ne comprenait pas
grand'chose aux propos qu'on tenait, mais
la grâce de M^{me} de Rochefontaine l'embo-
belinait ; le train qu'on menait aux Courtils, les raffinements d'une élégance à laquelle il n'était pas habitué, le luxe de
l'ameublement, la recherche des toilettes,
lui jetaient aux yeux une poudre d'or qui
l'éblouissait. — Parfois cependant, quand,
tout seul au fond de son bureau enfumé, il
était rappelé à la réalité par la besogne admi-

nistrative, il ne pouvait s'empêcher de songer
que la médaille avait un revers et que, s'il
établissait le compte des profits et pertes
dus à la fréquentation du château, le total
des désagréments pourrait bien être supérieur à celui des satisfactions. Si simples que
fussent les toilettes de sa femme, elles en-
traînaient de menus frais qui détruisaient de
plus en plus l'équilibre du budget. Il fallait
renouveler des rubans ou des gants, la note
de la blanchisseuse grossissait à vue d'œil,
la lingerie et la parfumerie surtout occasion-
naient à chaque instant des demandes de
crédits supplémentaires. Cela rendait Georges
soucieux ; mais il voyait Fabienne si heureuse, elle était si fêtée et choyée aux Courtils, et le plaisir l'embellissait tellement !...
C'était un grand point, et cela valait bien
l'argent dépensé.

Vers le 15 août, les Quesnel reçurent une
lettre de M^{me} de Rochefontaine les invitant
à dîner pour le dimanche suivant. — On
attendait de nombreux hôtes aux Courtils,
beaucoup de jeunes gens et de jeunes

femmes, la fine fleur du dessus du panier tourangeau, et Mᵐᵉ de Rochefontaine comptait que sa petite amie du Prieuré se ferait
belle afin d'augmenter encore le nombre de
ses admirateurs...

— Quel bonheur ! s'écria Fabienne en
battant des mains ; oui, certes, je serai belle ;
mais rassure-toi, cela ne nous coûtera
presque rien... Ma robe de soie bleu de ciel
est encore très fraîche, je la ferai seulement
échancrer dans le dos et ouvrir un peu sur
la poitrine ; ce sera l'affaire d'une séance
chez la couturière. Avec des gants neufs et
des fleurs naturelles dans les cheveux, je
serai tout à fait bien et à peu de frais... Tu
verras !... Demain j'irai à Tours m'occuper
de tous ces détails.

Le lendemain, en effet, elle partit dans
l'étroite diligence qui fait le service entre
Couzières et Tours, après avoir reçu de
Georges une modeste subvention destinée à
ses emplettes. Elle revint, le soir, très aimable, l'œil allumé et les joues rosées par l'exci-
tation du voyage.

5.

— Là ! dit-elle à Georges, quand ils se retrouvèrent à l'heure du dîner, tu ne me re-
procheras pas d'avoir été déraisonnable...
J'ai acheté toutes mes petites affaires et il
me reste encore un peu d'argent. Cependant
ce ne sont pas les occasions qui m'ont manqué.
Figure-toi qu'en passant devant la porte de
ce brocanteur qui est au coin de la rue de la
Scellerie, j'ai vu à l'étalage un amour de
bracelet... C'est très simple et d'un goût!...
Une chaîne d'or mat fermée par une grosse
turquoise sertie de brillants.

Ça doit coûter bon ! remarqua Georges un
peu inquiet de la tournure que prenait la
conversation ; généralement ces brocanteurs
juifs ne donnent pas leurs coquilles !

— Eh bien! non, c'est un bijou qu'on aurait presque pour rien.

— Tu l'as donc marchandé?

— Mon Dieu, oui, je suis entrée par curiosité et j'ai demandé le prix... C'est une occasion qu'on ne retrouvera pas. Le bracelet
a été confié au marchand par une personne
qui est à court d'argent et qui voudrait s'en

défaire, même à perte... On le laisserait
pour cinq cents francs.

— Cinq cents francs ! se récria le receveur en sursautant, et tu appelles cela rien ?

— Ce n'est rien par rapport à la valeur
du bijou... C'est une turquoise de Perse et la
monture est très artistique... Le brocanteur
assure qu'à elles seules les pierres valent
davantage.

Il y eut un moment de silence. Quesnel
paraissait tout absorbé par la tranche de
roast-beef placée dans son assiette. Il la découpait minutieusement et ne levait pas les
yeux. Fabienne, elle, ne songeait pas à
manger et, les regards perdus dans le vide,
semblait comme fascinée par la contemplation imaginaire de la précieuse turquoise.

— Ah ! reprit-elle avec un soupir, voilà
des circonstances où l'on regrette de n'avoir
pas d'argent !... Si nous étions riches...

— Malheureusement, répliqua son mari
d'un ton bref, nous ne le sommes pas...
Loin de là !

— Je ne le sais que trop, riposta à son

tour Fabienne avec une pointe d'amertume ;
mais enfin il est bien permis de faire des
suppositions. C'est la seule consolation des
gens qui n'ont pas le sou... Tu ne serais pas
content de voir ce joli bijou au bras de ta
petite femme ?

— Tu n'en a pas besoin pour être jolie...
Ton poignet tout nu me semble même mille
fois plus charmant, murmura amoureusement Georges en baisant le bras blanc de sa
femme ; néanmoins j'aime tant à te voir heureuse que je ne te refuserais pas la satisfaction de posséder ce bracelet, si mes moyens
me le permettaient. Mais nous touchons à
peine au milieu du mois et déjà nous sommes
gênés... Ce n'est pas le moment de songer à
acheter un bijou.

— Oh! je ne te le demande pas, je sais
rentrer mes désirs... Je regrette que nous ne
soyons pas riches, voilà tout.

Quesnel laissa tomber la conversation.
Quand la nappe fut enlevée, les deux époux
allèrent comme d'habitude se promener sur
le chemin du Ripault. La nuit était très tiède,

très étoilée et mollement imprégnée d'un
parfum de clématite. Georges serrait étroi-
tement le bras de Fabienne. Légèrement
ennuyé de l'incident du bracelet, inconsciemment mortifié de sa pauvreté qui l'obligeait à refréner les innocentes fantaisies de
sa femme, il redoublait d'attentions tendres
et de douces paroles afin de se faire par-
donner ses velléités de résistance ; mais Fabienne demeurait taciturne, un pli trans-
versal ridait son front lisse entre les sourcils
rapprochés. Elle ne répondait aux propos du
receveur que par des *oui* et des *non* distraits.

La beauté du ciel, les bouffées d'odeurs
passant par-dessus les arbres des jardins, le
silence nocturne à peine interrompu par la
chute sourde d'un fruit sur le gazon, adou-
cirent néanmoins peu à peu l'humeur de la
jeune femme ; elle était redevenue très affectueuse quand on rentra pour se coucher ;
mais le souvenir du bijou admiré à la vitrine
de la rue de la Scellerie restait toujours fixé
dans un coin de son cerveau.

— Tiens, dit-elle en se dévêtant et en

montrant à Georges un bouton de son corsage, elle est grosse comme ça.

— Quoi donc? demanda celui-ci.

— La turquoise.

— Tu y penses toujours? s'écria-t-il en
riant... Bah! tes yeux sont encore plus
grands et d'une plus belle nuance... Les bijoux ne font pas le bonheur, et puis tu connais le proverbe : « Quand on n'a pas ce
qu'on aime, il faut aimer... »

— Ce qu'on n'a pas, interrompit-elle malicieusement, c'est pourquoi je pense à cette
turquoise... Je suis sûre que j'en rêverai.

Pourtant elle n'en parla plus, fut très
câline, rendit à Georges ses caresses et,
quand elle s'endormit, celui-ci éprouva un
secret soulagement en se persuadant qu'elle
avait oublié son caprice de la journée.

Le lendemain matin, il se réveilla le premier et s'habilla avec précaution afin de ne
point troubler le sommeil de sa femme ; mais
au moment où il allait s'éloigner à pas de
loup, après avoir entre-bâillé la fenêtre, Fabienne ouvrit les yeux et lui cria :

— Tu sais, j'en ai rêvé !... Nous étions aux Courtils, j'avais le bracelet à mon bras, tout le monde me complimentait et je répondais : « C'est un cadeau de mon mari. »

— Songe, mensonge ! répliqua distraitement le receveur en marchant vers la porte.

— Hélas ! soupira-t-elle, il est de fait que depuis notre mariage tu ne m'as pas fait le plus petit cadeau.

— Est-ce un reproche ?

— Non... mais ce qui m'agace, c'est que tu as l'air de ne point t'en apercevoir... Tu ne te dis pas que les autres femmes ont des quantités de bijoux, et que la tienne en est privée... Ton amour-propre n'en souffre pas et tu ne me sais pas gré de ma résignation.

— Mais, insinua-t-il ironiquement, c'est que tu ne parais pas très résignée.

— Tu plaisantes ?.. s'exclama Fabienne agacée par le flegme de son mari, ah ! bien, vrai, ce n'est pas le moment !... Tes remarques peu charitables me prouvent que tu ne m'aimes pas comme tu devrais m'aimer...

— Moi, je ne t'aime pas ? reprit-il en se rapprochant.

— Certes non, répéta-t-elle ; un mari qui aimerait véritablement sa femme devinerait qu'elle est ennuyée de n'avoir pas un bijou à se mettre, quand elle se trouve en compagnie de femmes couvertes de diamants... Un mari tendre aurait imaginé un moyen, je ne dis pas d'acheter ce bracelet, mais de me donner une compensation.

— Voyons, ma mignonne, est-ce sérieux ce que tu me reproches là ?... Je t'ai pourtant exposé notre situation... Nous n'avons pas de fortune, nous ne possédons d'autres ressources que mes appointements et ma rente... J'ai établi devant toi notre budget, il y a un mois, et tu as vu que nous ne pouvions pas nous permettre le moindre extra, sans en déranger l'équilibre... Plus tard, quand mes remises seront plus élevées, je te jure que je saisirai la première occasion de te dédommager...

— L'occasion !... Est-ce que j'en retrouverai jamais une pareille ?... D'ailleurs, plus

tard ce sera absolument comme aujourd'hui...
Tu me répéteras avec la voix de ta mère :
« Nous avons des dépenses plus urgentes, il
faut être raisonnable ! »

— En effet, repartit Georges piqué, le su-
perflu ne doit passer qu'après le nécessaire,
et quand notre provision de vin n'est pas encore payée, consacrer cinq cents francs à
l'achat d'un bracelet serait de la folie pure.

— Oui, répliqua sarcastiquement Fabienne,
ce serait de la folie, et vous qui êtes la sa-
gesse en personne, vous ne ferez jamais de
folie !... Mais un homme sérieusement amoureux l'aurait commise, cette folie. Voilà justement ce que je voulais vous dire.

— Encore une fois, ma chérie, protesta le
receveur, alarmé de ce « vous » que Fabienne
n'employait que dans ses rares accès de mé-
contentement ; encore une fois, en admettant
même que je sois disposé à satisfaire ta fan-
taisie, quel moyen veux-tu que j'emploie pour
y arriver, puisque notre bourse est à sec?

— Oh ! je ne veux rien, je n'exige rien...
pas même que vous demandiez à votre mère

de vous avancer une partie de ce qu'elle vous
doit... ce serait un sacrifice trop lourd pour
vous !

— Ma mère m'a déjà versé d'avance la
rente d'une année et je la connais assez pour
savoir qu'elle refuserait net de m'avancer
d'autre argent, surtout si elle se doutait de ce
que je veux en faire...

— Naturellement, si vous le lui dites...
Elle me déteste trop pour y consentir... En
fait de cadeaux, elle ne m'a jamais comblée
que de paroles désobligeantes. Ah! si j'avais
su..., c'est moi qui ne me serais pas mariée!

— Tu le regrettes? murmura-t-il, blessé à
son tour; ce n'est pas aimable, ce que tu dis
là, et je suppose bien que tu n'en penses pas
un mot.

— Si fait, je le pense! riposta-t-elle avec
la mutinerie d'une enfant gâtée : croyez-vous
que ce soit agréable pour moi de vivre de
privations quand je vois tant de femmes qui
ne me valent pas et auxquelles leur mari ne
refuse rien !...

— C'est que sans doute elles ont une fortune personnelle, tandis que nous...

— Oui, nous, nous sommes de pauvres diables, c'est convenu... Vous vous répétez, mon cher.

— Mais sacrebleu! s'écria-t-il impatienté, je ne puis pourtant pas voler pour satisfaire un caprice ou un enfantillage?

— Je vous en prie, pas de gros mots ! Je suis déjà assez navrée, sans que vous m'acheviez avec des grossièretés.

— Moi, je suis grossier? balbutia-t-il stupéfait.

— Si vous ne vous en apercevez pas, alors tant pis pour vous !... moi, je suis humiliée de vous entendre toujours me reprocher ma pauvreté... Taisez-vous, tenez, vous ne savez pas le mal que vous me faites !...

Un sanglot lui coupa la parole et elle se mit à fondre en larmes. Quesnel, abasourdi par cette brusque crise nerveuse, commença à se demander s'il n'avait pas été trop loin, s'il ne l'avait pas blessée inconsciemment. Il revint vers Fabienne et voulut lui prendre la main.

— Voyons, ma chérie, mumura-t-il timidement, calme-toi, tu me désoles, ne sois pas
injuste...

— Injuste ! sanglota-t-elle, moi injuste !
Ah ! c'est trop fort ! Laissez-moi, vous m'exas-
pérez... Je vous déteste !

Elle se cacha la tête sous ses couvertures.
Alors Georges, voyant que ses raisonnements
n'arrivaient qu'à l'irriter davantage, crut
prudent de battre en retraite et s'esquiva sur
sur la pointe des pieds.

# III

En quittant la chambre de sa femme,
Georges Quesnel gagna son bureau. La pièce,
hermétiquement close et où restait emma-
gasinée la chaleur de la veille, exhalait ce
rance parfum de vieux papiers que Fabienne
avait irrévérencieusement qualifié d'odeur
de sciure de bois. Georges ouvrit la fenêtre
avec violence et s'accouda ensuite tristement
à sa table de travail. L'air du matin emplit
peu à peu le bureau d'une agréable fraîcheur.
Un silence rassérénant régnait encore autour du Prieuré. On n'entendait que quelques chants de coqs dans les basses-cours
voisines, et plus loin, parmi les jonchaies
de l'Indre, de faibles gloussements de poules

6.

d'eau ou des cris d'hirondelles à l'essor. Sous
l'influence de cette paix matinale, les nerfs
du receveur se détendaient insensiblement
et son irritation faisait place à une mélancolie méditative. — Il était navré de la scène
qui venait d'avoir lieu entre lui et Fabienne;
c'était la première fois qu'une de leurs dis-
cussions prenait ce caractère aigu et agressif,
et il se demandait s'il n'avait pas provoqué
cette fâcheuse altercation par ses réflexions
maladroites. Peut-être aurait-il pu adoucir
son refus en l'enveloppant de quelques re-
grets attendris? En somme Fabienne était une
femme; elle aimait la parure et les bijoux
comme toutes les jeunes femmes de son âge,
et elle souffrait sans doute cruellement de
l'état d'infériorité où la pauvreté de son mari
la mettait, en face des belles dames qui fréquentaient le château des Courtils. Georges
aurait dû mieux la comprendre et paraître
plus désolé de ne pouvoir contenter ses désirs, faute d'argent... Ah! ce misérable argent, comme il lui faisait défaut et comme
en ce moment il se serait volontiers saigné

aux quatre veines pour se le procurer !
Comme il maudissait cette carrière des bu-
reaux où il était entré et qui le condamnait
à tourner pendant des années dans le cercle
étroit d'une médiocrité besogneuse, sans lui
permettre même d'accroître le montant d'appointements insuffisants en se livrant à quelque
autre occupation plus lucrative ! — L'administration veut qu'on soit tout à elle ; si elle
rémunère chichement ses agents, elle exige
en revanche qu'ils lui consacrent tout leur
temps. Un employé court des risques sérieux
s'il cherche à utiliser ses loisirs en s'occu-
pant de travaux extra-administratifs, et, sous
ce rapport, les fonctionnaires de province
sont beaucoup plus à plaindre que leurs col-
lègues parisiens. A Paris, en effet, où l'on
vit perdu dans la foule, un commis ou un
sous-chef peut, en dehors des heures du ministère, grossir son petit revenu au moyen
d'un travail supplémentaire. Mais en province, à la campagne surtout, un fonctionnaire, si modeste qu'il fût, serait montré au
doigt et puni disciplinairement si, pour

joindre les deux bouts, il se livrait, en dehors
des heures du bureau, à une besogne com-
merciale ou industrielle quelconque.

Tout en remâchant ces pénibles réflexions,
Georges Quesnel était si marri d'avoir cha-
griné et indisposé Fabienne, qu'il ne pouvait
s'empêcher de chercher inutilement dans sa
tête un moyen d'avoir de l'argent. Les cinq
cents francs seraient tombés là, sur sa table,
qu'il les aurait immédiatement portés à sa
femme. Pour regagner la tendresse de Fabienne, pour revoir ses grands yeux souriants,
il aurait fait bon marché de ses primitives
objections ; — la disproportion entre la
somme à dépenser et le caprice à satisfaire,
le marchand de vin et le tapissier impayés,
tout cela n'eût pas pesé une once, si l'argent
avait été là. — Malheureusement, cinq cents
francs ne tombent pas du ciel, et quand
on ne peut pas les gagner, les souhaits les
plus ardents, les hypothèses les plus romanesques sont impuissants à les introduire
miraculeusement dans votre poche.

A force de ruminer la chose, Georges en

venait à imaginer des solutions qu'en tout
autre circonstance il eût rejetées comme
irréalisables. Il possédait sur la succession
paternelle une créance douteuse, due par un
pauvre diable et que sa mère lui avait abandonnée, sans doute parce qu'elle l'avait jugée
d'un recouvrement désespéré. — Peut-être,
en menaçant de l'huissier ce débiteur peu solvable, arriverait-on à tirer de lui un acompte
de trois cents francs ?... Dans ce cas on
pourrait compléter la somme nécessaire à
l'achat du bijou en prélevant d'ores et déjà
deux cents francs sur les appointements
à échoir en fin de mois. Ce prélèvement
irrégulier était formellement interdit par
les instructions administratives, mais certains
comptables le pratiquaient néanmoins. Ce
n'était, en définitive, qu'une avance. — Et
d'ailleurs, songeait Quesnel, l'administration
ne s'en douterait même pas. Son service avait
été vérifié au commencement de l'année et il
n'attendait pas l'inspecteur avant l'hiver...
Oui, mais le débiteur récalcitrant s'exécu-
terait-il ? S'il fallait procéder par ministère

d'huissier, cela demanderait au moins deux semaines, et le dîner de M^me de Rochefontaine avait lieu dans quelques jours... Non, tout cela était impraticable et il fallait que Georges eût le cerveau absolument troublé pour se livrer à des suppositions aussi invraisemblables que dangereuses.

Il en était là de ses désolantes réflexions, quand on ouvrit la porte extérieure du bureau. Georges vit entrer un meunier des environs et, relevant brusquement la tête, il empoigna au hasard un registre quelconque et prit l'attitude gravement affairée qui convient à un comptable dans l'exercice de ses fonctions.

— Que désirez-vous, père Fauveau? demanda-t-il brièvement.

— Excusez si je vous dérange si matin, monsieur le contrôleur, répondit le meunier, je viens pour cet îlot domanial dont j'ai acheté les arbres... Je vous avais écrit que je ne serais pas en mesure de vous payer avant deux mois, mais il m'est arrivé une rentrée et, ma fine, j'ai préferé m'exé-

cuter tout de suite, afin d'avoir mon permis
d'exploiter...

Le receveur s'était mis à feuilleter un sommier couvert d'écritures, tandis que le père
Fauveau déliait péniblement un gros sac de
toile, gonflé d'écus.

— C'est trois cent vingt francs avec les
frais, murmura Quesnel après s'être reporté
à l'article qui concernait le meunier.

— Les voici, reprit ce dernier en alignant
lentement sur le bureau trois piles de pièces
de cinq francs, et je puis vous assurer, monsieur le contrôleur, que c'est un bon prix...
Cent écus pour un lot de saules et de bouil-
lards, ça n'est pas donné!... Enfin, j'ai payé
la convenance, quoi!... Voyez si vous avez
votre compte...

Pendant que le receveur faisait glisser une
à une, entre ses doigts, les pièces de cinq
francs, le meunier, reprenant sa canne et
son chapeau, se disposait à sortir.

— Le compte y est, dit Quesnel, eh bien!
vous partez? Attendez donc que je vous
donne quittance!

— C'est que je suis pressé d'arriver à
Tours pour le marché, et le courrier, lui,
n'attendra pas... Je m'en rapporte à vous,
monsieur Quesnel, je sais bien que vous ne
me ferez pas payer deux fois ! Préparez tout
de même le reçu, je viendrai le prendre un
de ces matins... A vous revoir donc ; il me
semble que j'entends la trompette du conducteur.

Le meunier disparut, fermant précipitamment la porte derrière lui. Le receveur re-
comptait machinalement les trois piles
d'écus, dont un oblique rayon de soleil détachait la blancheur scintillante sur le bois
noirci de la table, et, tout en les soupe-
sant dans sa main avant de les déposer dans
le fond d'un tiroir, il écoutait comme en
rêve le bruit des pas du bonhomme qui s'en-
courait vers Couzières. Quand il n'entendit
plus rien, il chercha avec lenteur dans un
casier le registre où il devait consigner la
recette de la somme versée ; en même temps
il se reporta à l'article où était consignée la
dette du meunier. A la page du sommier se

trouvait encore épinglée la lettre par laquelle
le débiteur demandait un délai et en marge
de l'article, Quesnel avait écrit : « Le sieur
Fauveau promet de payer dans deux mois. »

Tandis qu'il relisait cette annotation, une
pensée aiguë et rapide comme une flèche lui
traversait le cerveau : — D'après les écritures et dans l'état actuel des choses, l'exi-
gibilité de la dette pouvait à la rigueur être
considérée comme prorogée jusqu'à l'ex-
piration des deux mois, et si, dans l'intervalle, Quesnel, à force de diligences, obtenait
de son propre débiteur le paiement d'un
acompte de trois cents francs, qui l'empêchait de conserver par devers lui l'argent
prématurément versé par le père Fauveau ?...
En ajoutant à cette somme deux cents francs
prélevés sur ses appointements du mois
d'août, il réunirait justement les cinq cents
francs nécessaires à l'achat de la turquoise
tant désirée par Fabienne...

Mais à peine cette réflexion se fut-elle
formulée nettement dans son esprit qu'une
rougeur lui monta au front ; il eut honte

7

d'avoir un seul moment arrêté sa pensée sur
une pareille supposition et jeta l'argent dans
le tiroir, qu'il referma violemment. Comment lui, un comptable intègre, élevé depuis
l'enfance dans des principes de rigoureuse
honnêteté, avait-il pu songer à commettre
un acte d'improbité et risquer ainsi de voir
son honneur à jamais entaché, son avenir
irrémissiblement compromis, pour la satisfaction d'un caprice frivole?... Il n'ignorait
pas que son administration était impitoyable
pour les comptables infidèles, et que les
emprunts indûment faits par un receveur à
sa caisse étaient punis de la suspension ou
même de la révocation?

Ses instincts de probité se révoltaient, son
honneur de fonctionnaire jusque-là sans
reproche protestait avec véhémence, et
néanmoins, à travers ces mouvements de
honte et d'indignation, la même voix aiguë
qu'il avait tout à l'heure entendue intérieurement, recommençait ses traîtresses insi-
nuations : — Qu'avait-il à craindre? De quel
scrupule niais s'embarrassait-il ?... Il ne

s'agissait nullement de dérober au Trésor
trois cents francs, puisque la recette pouvait n'être constatée qu'au moment où lui,
Quesnel, se trouverait en mesure de verser
cette somme dans la caisse, c'est-à-dire, au
plus tard dans deux mois. Un emprunt n'est
pas un vol, et même, en réalité, ce n'était
pas au Trésor, c'était au bonhomme Fauveau que le receveur faisait cet emprunt.
D'ailleurs, qu'avait-il à redouter? Son service avait été vérifié et trouvé satisfaisant au
mois de février. Le nouvel inspecteur, récemment installé à Tours, était occupé ailleurs et ne viendrait certainement pas à
Couzières avant novembre. Dans l'intervalle,
la somme serait réintégrée dans la caisse, les
écritures régularisées et personne n'y verrait rien ; le bonhomme Fauveau lui-même
ne s'apercevrait pas que sa quittance était
antidatée. L'État, à la vérité, perdrait les
intérêts de trois cents francs pendant deux
mois, mais franchement il était assez riche
pour supporter d'être lésé de deux francs
cinquante. Quesnel perdait bien davantage,

lui, en donnant tout son temps au gouvernement pour une misérable rétribution de trois
mille deux cents francs par an ! Au surplus,
pour rassurer sa conscience, rien ne s'opposait à ce qu'il portât ces deux francs cinquante
en recette sous une rubrique quelconque.

Que restait-il donc des scrupules qui
l'avaient arrêté? Rien ou peu de chose, —
une peur enfantine de se compromettre,
une bourgeoise exagération du point d'honneur, — c'est-à-dire, en somme, deux mo-
biles purement égoïstes. S'il tenait tant à
obéir aux principes étroits d'une probité
toute littérale, c'était moins par dévouement
pour le Trésor que pour dormir béatement
sur ses deux oreilles et satisfaire son amour-
propre d'employé impeccable. Ces satisfactions prosaïquement personnelles devaient-
elles donc entrer en balance quand il
s'agissait de la paix de son ménage et du
bonheur de Fabienne?... Il prétendait aimer
passionnément sa femme et il hésitait à la
rendre heureuse en lui sacrifiant quelques
préjugés, honorables sans doute, mais abso-

lument secondaires?... Alors il se représenta
la joie de Fabienne, quand il viendrait lui
annoncer qu'il avait trouvé un moyen de
lui donner la turquoise. Il la vit entrer
rayonnante au château des Courtils, jolie à
miracle dans sa fraîche robe bleue et ayant
au bras le bijou tant convoité ; il songea de
quels trésors de tendresses, de quelles chatteries elle paierait cette marque d'affection ;
de voluptueuses bouffées lui troublèrent le
cerveau, les délicieuses félicités qu'il se for-
geait dissipèrent ses dernières hésitations et
son parti fut pris.

Il rouvrit le tiroir, détacha d'une liasse
de billets de banque les cinq cents francs
prélevés sur le versement du meunier et sur
ses appointements futurs, et fermant sa
caisse d'un tour de clef, il se précipita hors
du bureau.

Timidement il alla heurter à la porte de
Fabienne. Pas de réponse. Il tourna le
bouton et rencontra une résistance ; — la
porte était close et la targette poussée à l'intérieur.

7.

— Fabienne! cria Georges inquiet, ouvre!...
J'ai à te parler.

Un silence ; puis brusquement le verrou
joua, la porte s'entre-bâilla et la jeune
femme en peignoir, les paupières encore
rougies, parut dans l'embrasure.

— Qu'y a-t-il?... murmura-t-elle entre
ses lèvres serrées ; avez-vous de nouvelles
grossièretés à me dire?

Quesnel se glissa humblement à l'intérieur. Quand il eut refermé la porte, il vit
que Fabienne lui tournait le dos.

— Tu boudes? hasarda-t-il d'une voix
mal assurée.

— Moi? répondit-elle sans se retourner,
pas du tout... Vous m'avez fait comprendre
que ma pauvreté m'obligeait à être raisonnable... et je le suis... Cela doit vous suffire !

— Voyons, chérie, reprit son mari, la
mine contrite, j'ai été un peu vif tout à
l'heure ; je le regrette, et pour te prouver
mon repentir, j'ai voulu t'apprendre une
bonne nouvelle...

Elle haussa les épaules dédaigneusement

et continua de se brosser les ongles en
silence, comme pour lui démontrer à quel
point sa bonne nouvelle lui était indifférente.

— Oui, poursuivit Georges un peu dé-
monté, une nouvelle qui te surprendra
agréablement... Tu sais, cette créance vé-
reuse que ma mère nous avait abandonnée?...
Eh bien! le débiteur est revenu à meilleure
fortune et j'ai obtenu de lui ce matin un
acompte de cinq cent francs...

Fabienne ne sourcillait pas et paraissait
de plus en plus affairée à sa toilette.

— Je ne pouvais, dit Quesnel en rougissant et en se rapprochant, je ne pouvais
mieux employer cette aubaine qu'à réparer
mes torts... Voici les cinq cents francs. Ils
sont à toi et tu seras en mesure d'acheter la
turquoise.

En même temps il posait les billets sur le
marbre de la toilette. Il s'attendait à une
explosion de joie, mais il connaissait mal le
cœur féminin.

— Non, non, répliqua Fabienne en re-
poussant froidement les billets, il ne faut pas

faire de folies... Gardez cet argent pour payer
le marchand de vin.

— Je t'en prie, ma mignonne, reprit
Georges en s'attendrissant, ne me tiens pas
rigueur, et, pour me le prouver, accepte ces
cinq cents francs que j'ai tant de plaisir à
t'offrir.

Loin de s'adoucir, elle redoublait de dignité
et ne daignait pas même regarder les billets
bleus étalés à portée de sa main.

— Merci, disait-elle, vous êtes bien bon,
mais j'ai renoncé à mon « caprice » ; je ne
veux pas que vous me le reprochiez plus
tard...

Il fallut que le mari repentant se mît à
genoux pour qu'elle consentît à prendre les
cinq cents francs. Elle se laissa fléchir enfin ;
Georges lui mit les billets entre les doigts et
elle condescendit à les serrer dans son porte-
monnaie. Néanmoins elle ne sut, en appa-
rence, aucun gré à Quesnel de sa faiblesse
tardive. Elle resta très digne pendant le déjeuner et fit à peine allusion à l'acquisition
de la turquoise; ce qui ne l'empêcha pas,

sitôt la nappe enlevée, de s'habiller en hâte
et de se préparer au départ.

Elle sauta lestement dans le courrier et,
sitôt débarquée à Tours, elle courut, le cœur
palpitant, chez le brocanteur de la rue de la
Scellerie. Le bracelet était encore à l'étalage ;
en un tour de main, elle aligna les cinq billets
de banque sur le comptoir et empocha vic-
torieusement le bijou douillettement enfermé
dans un écrin fané. Elle employa le reste de
son après-midi à des stations chez la modiste
et la couturière, puis vers cinq heures, légère comme une plume elle revint à l'hôtel,
pour monter dans la voiture déjà attelée, où
elle avait retenu une place de coupé.

Elle s'installa dans son coin, se félicita
d'être seule et suspendit dans le filet les menus paquets qu'elle rapportait. Lorsqu'elle
se retourna, elle fut désagréablement surprise de voir l'autre coin occupé par un voyageur qui venait de monter par la portière
opposée. Tout d'abord elle fit une légère
moue, ayant compté avoir jusqu'à Couzières
l'entière possession du coupé. Elle se réjouis-

sait de pouvoir, pendant le trajet, examiner à loisir l'écrin qui était devenu sa propriété et que ses doigts impatients palpaient avec délectation au fond de sa poche. Maintenant elle se sentait gênée par la présence d'un inconnu ; elle maudissait ce fâcheux qui l'empêchait d'exhiber et d'essayer à son aise le bracelet de ses rêves. — Au fait, songea-t-elle avec humeur, quel homme est-ce que cet intrus?...

Sous la voilette, ses yeux à demi fermés coulèrent un regard investigateur dans la direction de son voisin, et à prime vue elle constata avec satisfaction qu'il avait la tenue et les façons d'un gentleman.

Le nouveau venu était un homme de trente-cinq à quarante ans, svelte, robuste, au teint olivâtre, à la barbe brune très soignée. Sa physionomie un peu rêveuse ne manquait pas de distinction ; il avait dans les mouvements l'aisance et ce je ne sais quoi d'élégant que donne l'usage du monde. Il était vêtu d'un complet de drap gris foncé, et coiffé d'un feutre de voyage qu'il enleva dès que la voiture fut en marche. Alors Fabienne remarqua

qu'il avait des cheveux encore très noirs et
que ses clairs yeux noisette éclairaient d'une
lueur gaie et tendre l'ensemble assez grave
de sa figure. — Le voyageur avait pris un
livre dans la valise posée à ses pieds et le
feuilletait lentement ; mais cette occupation
ne l'absorbait qu'à demi et il étudiait lui aussi,
à la dérobée, cette jolie femme que le hasard
lui avait octroyée pour compagne de voyage.

Cette rapide étude paraissait fort agréable
à l'inconnu. Ce soir-là, Fabienne était très
en beauté. La joie du désir satisfait, l'excita-
tion du voyage avaient avivé le rose de ses
joues, la lueur caressante de ses grands yeux
verts, le charme espiègle de ses lèvres enfantines. Ces boucles blondes frisottant sur
un front volontaire, ce teint d'une fraîcheur
de rose du Bengale, ces fossettes délicatement creusées, dans la rondeur des joues,
par un fugitif sourire ; les coquettes inflexions
d'un cou très blanc, la souple ondulation du
buste ; tout cet ensemble de jeunesse et de
grâce piquante, réjouissait le regard du voyageur et le distrayait fort de sa lecture. —

Les femmes ont une rapide intuition de l'admiration qu'elles excitent. Son instinct de fille d'Ève, qui lui tenait lieu d'expérience, fit deviner à Fabienne, dans cet étranger, un homme ayant le culte et l'adoration de la beauté féminine, et ce diagnostic lui inspira le désir de connaître un peu moins superficiellement son compagnon de route. Elle eût été curieuse d'entendre le son de sa voix et de juger s'il était en harmonie avec l'expression à la fois sérieuse et tendre de son visage. Pourtant elle ne pouvait décemment lui adresser la parole la première; elle estimait prudemment qu'elle était tenue à une grande réserve à l'égard de ce personnage qui allait à Couzières et qui était peut-être un invité de la femme du notaire ou de M<sup>me</sup> de Rochefontaine. Le voyageur entrevit sans doute cette nuance du curiosité hésitante sur la physionomie de Fabienne, car il engagea spontanément la conversation.

Comme la voiture quittait la chaussée de Grammont et longeait une des somptueuses propriétés qui bordent la route de Couzières, l'inconnu se pencha à la portière :

— Quels beaux arbres! s'exclama-t-il d'une voix douce et chaude ; puis se retournant vers M<sup>me</sup> Quesnel et s'inclinant respectueusement : — Voudriez-vous, madame, ajouta-t-il, avoir l'obligeance de me dire à qui appartient le château qu'on aperçoit là-bas, derrière ces platanes?

— C'est la Chambrerie, répondit Fabienne, mais j'ignore le nom du propriétaire actuel.

— Je vous remercie, madame, reprit son compagnon, et je vous demande pardon de ma question indiscrète... Je suis nouveau venu dans ce pays et c'est la première fois que je voyage sur cette route.

— Alors, interrogea la jeune femme avec une feinte ingénuité, vous ne connaissez pas Couzières, monsieur?

— Pas le moins du monde ; j'arrive du fond de la Bretagne et je suis tout à fait un étranger en Touraine... Vous jugez si ce plantureux pays intéresse quelqu'un qui a longtemps vécu en contemplation devant les landes et les bois de chênes de la Cornouaille !

8

Fabienne respira plus librement. Le voyageur était un étranger, quelque touriste, sans doute, désireux de parcourir la vallée de l'Indre. Elle se sentit plus à l'aise pour converser avec cet inconnu qui excitait sa curiosité et dont l'admiration, respectueuse, mais très visible, réveillait en elle une disposition innée à la coquetterie.

— Je ne sais, madame, poursuivit son voisin, si vous êtes de mon avis, mais visiter un pays absolument nouveau a pour moi un attrait tout à fait délicieux... surtout, acheva-t-il galamment, quand cet attrait est doublé par l'heureux hasard d'une compagnie inespérée.

La jeune femme baissa les yeux et détourna légèrement la tête. — Décidément le voisin avait un tour d'esprit original, et puisqu'il aimait à fleureter, elle ne voyait pas d'inconvénients à lui donner gaiement la réplique. Cela ne tirerait pas à conséquence, puisque avant une heure ils se sépareraient pour ne plus se revoir, et ce serait une innocente distraction pendant la durée du voyage.

— Le trajet de Tours à Couzières dure à peine une heure, murmura-t-elle en souriant malicieusement, et je crois que vous aurez une déception, monsieur.

— On n'est jamais déçu, expliqua-t-il en enveloppant sa voisine d'un regard émerveillé, quand on passe une heure à admirer de belles choses.

— Le pays est plat et monotone, repartit-elle, tandis qu'une rougeur lui montait aux joues.

— Le charme d'un pays, madame, dépend surtout des conditions dans lesquelles on le voit... et j'ai la conviction que je ne serai pas déçu.

— Vous avez beaucoup d'imagination, monsieur !

— Assez, répondit-il en riant, l'imagination est notre fort, à nous autres Bretons, et nous ne sommes jamais si heureux que lorsque nous pouvons broder un roman sur les plus simples réalités de la vie.

— Elle n'est pourtant guère romanesque, la vie ! soupira Fabienne en repensant brus-

quement à sa prosaïque existence de femme
d'employé, aux calculs fastidieux et aux vulgaires tiraillements d'un ménage où l'on a
peine à nouer les deux bouts.

— A votre âge, madame, reprit-il sérieusement, on ne doit pas médire de la vie...
Elle n'est jamais laide quand on la regarde
avec des yeux de vingt ans... Même aux gens
plus âgés, tels que moi, elle offre matière à
des illusions très savoureuses... Tenez, par
exemple, aujourd'hui le hasard nous a ren-
fermés en tête-à-tête dans la boîte de cette
très vulgaire patache... Vous ne me connaissez pas, j'ignore votre nom... Je sais
seulement que vous êtes jeune et charmante ;
vous, de votre côté, vous me tenez, je l'espère, pour un galant homme, admirateur
attendri et respectueux de votre beauté...
Nous sommes en Touraine, le ciel est bleu,
l'heure même est à souhait : le soir descend
doucement et rend la conversation plus
intime et plus expansive... N'y a-t-il pas là
un bout de roman tout à fait exquis ?...

Fabienne, gagnée par la musique de ces

paroles dites d'un ton pénétrant, et prise
aussi par l'originalité de la situation, écoutait son voisin avec moins de réserve.
L'heure, du reste, comme lui-même l'avait
insinué, était tout particulièrement sugges-
tive et amollissante. Les ombres agrandies
des arbres s'allongeaient sur la route em-
pourprée çà et là par le soleil déclinant ; des
bouffées d'odeurs de fruits mûrs et de trèfles
fauchés demeuraient en suspension dans
l'air calme, et au loin on entendait la chanson traînante des bergers rappelant leurs
ouailles. Sourdement émue par le tour
qu'avait pris la conversation, la jeune femme
ne pouvait s'empêcher de comparer ce langage, auquel elle était peu habituée, aux
entretiens assez terre à terre du sage Georges
Quesnel, et la comparaison n'était pas à
l'avantage du mari. Aussi fut-ce avec une
pointe de mélancolie et de regret qu'elle
répondit :

— Nous voici déjà au sommet du plateau,
et votre roman finira quand nous descen-
drons la côte de Couzières...

8.

— Les minutes de bonheur passent trop vite, j'en conviens, mais on en garde le souvenir. — Je parle pour moi, naturellement, qui me rappellerai toujours avec plaisir cette heure trop courte, entre Tours et Couzières.

La conversation devint plus familière. — Rassurée par les façons à la fois aimables et respectueuses de l'inconnu, enhardie par la proximité du bourg et aussi peut-être par le sentiment que cet agréable épisode de voyage allait se terminer brusquement, Fabienne répondait avec plus d'enjouement et d'abandon aux compliments de son interlocuteur. — Au bas de la rampe, le conducteur, habitué à déposer la jeune M$^{me}$ Quesnel au carrefour où s'embranchait le chemin du Prieuré, arrêta vivement ses chevaux.

— C'est ici que je descends, dit la jeune femme en rassemblant ses paquets : adieu, monsieur.

— Adieu, madame, répondit le voyageur en échangeant avec elle un dernier regard, puisque nous sommes devenus bons amis pendant ce court trajet, permettez-moi de vous traiter en ami et de vous serrer la main.

Elle lui tendit en souriant sa main gantée ; il s'inclina et posa tendrement ses lèvres sur le bras potelé de Fabienne, à l'endroit laissé à découvert par l'extrémité du gant et l'ourlet de la manche. Il l'aida à descendre, puis la voiture repartit au grand trot et, pendant un instant, M$^{me}$ Quesnel la suivit des yeux tandis qu'elle traversait le pont dans un nuage de poussière dorée.

Fabienne rentra lentement, rêveusement au Prieuré. Ce bout de roman ébauché entre Tours et Couzières laissait en elle une empreinte discrète, pareille à celle que laisse sur une plage de sable la mer en se retirant : le sol n'est pas foncièrement remué, mais la surface est légèrement et mollement modifiée. Le rapide baiser du voyageur inconnu avait opéré de même sur la jeune femme ; il l'avait non pas troublée, mais doucement inquiétée. Elle se complaisait à analyser les sensations toutes neuves éprouvées au contact des lèvres de cet étranger. Des scrupules lui venaient ; elle se demandait si elle n'avait pas été trop étourdie et si, pour satisfaire son penchant à la coquetterie, elle ne s'était pas exposée à ce que ce voyageur conçût d'elle une défavorable opinion.

— Bah ! se répondit-elle intérieurement, demain il aura quitté le pays et nous ne nous reverrons plus....D'ailleurs, pouvais-je l'empêcher de me baiser le bras ?

Pourtant elle n'avait pas la conscience tout à fait tranquille, et elle résolut de ne point parler à son mari des incidents du voyage. En plongeant sa main dans sa poche, ses doigts rencontrèrent l'écrin, et sa pensée mobile changea de direction. Elle se reprit à songer à ce beau bracelet qui lui appartenait, et à la joie qu'elle aurait tout à l'heure en l'essayant à son bras.

Quand elle eut franchi le seuil du Prieuré, elle entendit la voix de Quesnel qui l'attendait dans la salle à manger.

— Tiens, lui dit-elle en l'embrassant et en tirant l'écrin de sa poche, voici mon bracelet, tu seras le premier à juger de l'effet qu'il produit !...

Elle ouvrit l'étui, fit miroiter le bijou devant les yeux de Georges, puis se dégantant, elle le passa à son bras nu. La chaîne d'or mat encerclait délicatement la peau blanche, et la turquoise entourée de brillants s'y épanouissait comme une merveilleuse fleur bleue toute diamantée de rosée.

— Comment le trouves-tu ? demanda-t-elle d'un air ravi.

Georges demeurait très calme ; il songeait aux cinq cents francs dont le bracelet avait été payé et à la façon dont il se les était procurés ; cela le refroidissait notablement.

— Tu sais, répliqua-t-il, je ne suis pas connaisseur, moi... mais du moment que cette turquoise te fait plaisir, cela suffit pour qu'elle me paraisse très jolie.

— Et elle l'est, jolie, je puis te l'assurer ! s'écria Fabienne en agitant le bras ; la femme du notaire n'en a pas de pareille, et elle fera bien des envieuses... Quand je songe que tu me l'as donnée, je t'en aime encore davantage !

Elle fut très affecteuse et très câline avec lui ce soir-là. Sa tendresse expansive était doublée par le sentiment de la reconnaissance et peut-être aussi par un secret remords d'avoir fleureté plus que de raison avec le voyageur du coupé ; mais tout est bien qui finit bien, et en somme Quesnel ne fut pas à plaindre, car cette mince épine du remords ajouta quelque chose de plus pénétrant et de plus vif aux démonstrations caressantes de Fabienne.

# IV

Heureux d'avoir regagné la tendresse de
sa femme, doucement grisé par ce renouveau
d'amour, Georges Quesnel fit la grasse matinée et ne se rendit à son bureau qu'un peu
après huit heures. Il y était à peine depuis
une quinzaine de minutes, se remémorant
les joies de sa rentrée en grâce comme un
gourmet qui rumine l'arrière-fumet d'un
bon plat, lorsque la porte de la rue s'ouvrit
pour laisser passer un étranger, vêtu d'un
complet de drap gris, coiffé d'un feutre noir,
et qui entra de l'air délibéré de quelqu'un
qui se trouve un peu chez lui.

— Monsieur, dit le visiteur en déposant
sur une table son chapeau et la serviette de

maroquin qu'il tenait sous son bras, je suis M. Le Dantec, votre nouvel inspecteur, et je viens vous vérifier à l'improviste.

Quesnel reçut comme un choc douloureux à l'épigastre ; il lui sembla que les battements de son cœur s'arrêtaient et que ses jambes n'auraient plus la force de le soutenir. Il se leva néanmoins en appuyant ses mains glacées sur le rebord de son bureau et murmura de confuses paroles de respect, en s'empressant maladroitement pour offrir une chaise à l'employé supérieur.

— On m'avait, poursuivit ce dernier, laissé l'alternative entre Azay et Couzières, et j'ai choisi votre bureau, d'abord parce qu'il est plus près de Tours, puis parce que je sais déjà que vous êtes un excellent comptable et que, chez vous, mon inspection sera presque une pure formalité... Si vous le voulez bien, nous allons tout de suite faire la caisse... Ayez la bonté de compter les valeurs en espèces et en papiers timbrés, pendant que je préparai mon bordereau.

— Oui... monsieur l'inspecteur, murmura vaguement Quesnel, qui se sentait devenir affreusement pâle.

— Comment lui envoyait-on cet inspecteur en août, tandis qu'il ne l'attendait qu'en novembre? Aurait-on déjà par hasard des soupçons sur la tenue de sa caisse ?... Non, puisqu'on avait donné à ce M. Le Dantec la faculté de vérifier Azay ou Couzières, indifféremment... Et Georges maudissait la mauvaise chance qui avait déterminé un choix aussi désastreux. Il était dans la situation d'esprit d'un joueur qui a ponté sur la *noire*, et qui, entendant annoncer la *rouge*, voit s'évanouir son dernier espoir de gain... A la vue de son argent que ramasse le râteau du croupier, il combine encore machinalement et se répète avec un dépit anxieux : « Si cependant j'avais mis sur la rouge!... » Le receveur, les tempes mouillées d'une sueur froide et le dos frissonnant, alignait d'une main incertaine les piles d'écus et les billets de banque. Tandis qu'il vidait sa caisse, ses oreilles bourdonnaient ; il lui semblait que son être se dédoublait et qu'à côté de lui

sa propre voix disait : « Pourquoi n'est-il
pas allé à Azay ? » Alors, effrayé du désordre de son esprit et pris de la peur de
laisser deviner son trouble, il essayait de se
rendre maître de lui-même. Pour se redon-
ner un peu d'aplomb, il cherchait à se con-
vaincre que ses craintes étaient, sinon chi-
mériques, du moins follement exagérées.
Après tout, le pis qui pouvait arriver était
que l'inspecteur découvrît le prélèvement
prématuré de deux cents francs sur les appointements mensuels non encore échus.
Cette opération irrégulière n'était pas un cas
pendable, et Georges, de ce chef, en serait
quitte pour un blâme. Quant aux trois cent
vingt francs du meunier, aucune écriture
n'en constatait le versement, et M. Le
Dantec ne se douterait de rien.

Rasséréné par ces réflexions, Georges
comptait maintenant avec plus de calme ses
liasses de papiers timbrés, tandis que l'inspecteur apposait son visa sur les registres et
transcrivait sur un bordereau les chiffres que
le receveur lui indiquait. Une fois les valeurs

comptées et vérifiées, M. Le Dantec additionna ses totaux, balança les dépenses avec les recettes, et eut un imperceptible geste de surprise en apercevant le résultat obtenu. Il crut sans doute s'être trompé, car d'un air agacé il recommença tous ses calculs, compara minutieusement les reports, et ne trouva pas d'erreur. Alors, se retournant vers Quesnel qui lisait un acte notarié pour se donner une contenance :

— C'est singulier, dit M. Le Dantec, je trouve deux cents francs de moins dans la caisse !

— Je... Je le sais, monsieur l'inspecteur, balbutia Georges, excusez-moi de n'avoir pas tout d'abord pensé à vous en prévenir... — Et, avec un pouce de rouge sur la figure, il avoua le prélèvement irrégulier. — J'avais un paiement urgent à affectuer, ajouta-t-il, et j'ai cru... pouvoir prendre sans inconvénient deux cents francs sur mes appointements du mois.

M. Le Dantec eut un haut-le-corps, son teint olivâtre se rembrunit, ses sourcils bruns se rapprochèrent, et ses clairs yeux couleur noisette se fixèrent un moment sur l'honnête figure confuse du receveur. Ce rapide examen dissipa vraisemblablement les soupçons qui lui venaient à l'esprit, car il reprit ses façons courtoises et se borna à dire avec une pointe de sévérité :

— Le procédé est abusif, car enfin si vous veniez à mourir aujourd'hui, l'État ne vous devrait pas ces deux cents francs... Puis se radoucissant : — Vous êtes marié ? demanda-t-il.

Quesnel ayant répondu affirmativement : — C'est une circonstance atténuante, continua Le Dantec en souriant ; nous allons constater cette dépense prématurée, l'administration vous donnera une légère semonce et il n'en sera plus question... Mais ne recommencez pas !

Georges respira plus à l'aise, remercia l'inspecteur de sa bienveillance et se mit en devoir de réparer l'irrégularité. Tandis qu'il achevait de consigner la dépense, la porte du bureau se rouvrit et le meunier

Fauveau s'avança en saluant gauchement.

— Bonjour, monsieur Quesnel et la compagnie ! murmura-t-il, je viens pour retirer un petit reçu de l'argent que je vous ai compté hier... Si c'était un effet de votre bonté, je serais bien aise de l'emporter ce matin...

Décidément le guignon poursuivait Quesnel. A la vue du meunier, il s'était de nouveau senti faiblir ; tout son sang refluait au cœur. Il perdait contenance et une pâleur verdâtre s'étendait sur son visage.

— Oui, père Fauveau, bredouilla-t-il d'une voix étranglée, certainement... Asseyez-vous... Je vais rédiger la quittance.

Il était si bouleversé qu'il ne trouvait plus ni sa plume ni l'encrier. Enfin ses doigts tremblants minutèrent péniblement un reçu qu'il s'empressa de tendre au père Fauveau. Pendant qu'il écrivait, Le Dantec remarquait sa pâleur et les soupçons le reprenaient. L'irrégularité déjà constatée, jointe à l'embarras du comptable, le mettait en défiance, et comme les gros doigts du meunier pliaient

9.

déjà en quatre le reçu délivré par Quesnel :

— Un instant ! s'écria l'inspecteur, voulez-vous me communiquer votre quittance pour que je la vise ?

Il prit le papier des mains du bonhomme Fauveau, le rapprocha du sommier et du registre de recette, fronça silencieusement les sourcils, puis après avoir copié et paraphé le reçu, il le rendit au meunier qui se confondit en salutations et se retira.

Dès que la porte fut refermée, Le Dantec se retourna vers le receveur qui demeurait écrasé sur sa chaise, et le dévisageant d'un regard sévère :

— Cette somme de trois cent vingt francs n'a pas été inscrite en recette ? dit-il sèchement.

— Non, monsieur, murmura Quesnel abasourdi, je... Le temps m'a manqué.

— Eh bien, il faut réparer immédiatement cet oubli... Les fonds sont là ?

Le receveur se leva brusquement et, de l'air égaré d'un homme qui se jette à l'eau :

— Non, monsieur... je ne les ai plus... Au

moment où on me les a versés, un créancier
est venu me réclamer une dette criarde...
j'ai perdu la tête et...

— Et vous avez payé vos dépenses personnelles avec l'argent du Trésor !...

— Je vous jure que je n'avais pas l'inten-
tion de m'approprier cette somme... je
comptais la reverser d'ici à quelques
jours... dès que j'aurais recouvré moi-même
une créance qui m'est due.

— Oui, c'est l'éternelle histoire des gens
qui puisent dans leur caisse... On se promet
toujours de combler le déficit et, en attendant, on devient un comptable infidèle... Il
est fort heureux que je me sois trouvé là pour
viser cette quittance... Comment, vous,
monsieur Quesnel, qu'on me signalait comme
un agent irréprochable, en êtes-vous venu à
cette extrémité ?... Sacrebleu ! dans mon
pauvre pays de Bretagne, j'ai vu des rece-
veurs chargés de famille, et qui, néanmoins,
parvenaient à vivre honorablement avec dix-
huit cents francs d'appointements !... Vous
gérez, vous, un bureau de plus de trois mille

francs, au fond d'une campagne, vous n'avez
pas d'enfants, je crois, et vous n'arrivez pas à
vous tirer d'affaire?... Cela indique un désordre qui n'est pas de nature à inspirer confiance à vos supérieurs.

Quesnel courbait tristement la tête sous
ces reproches dont il reconnaissait l'exacte
justesse.

— C'est la première fois, protesta-t-il, que
je commets une pareille faute... Examinez
ma gestion, monsieur, vous la trouverez
absolument correcte...

— Je le souhaite pour vous, interrompit
Le Dantec ; mais, jusqu'à nouvel ordre, la
prudence m'oblige à prendre des mesures
pour que de semblables fautes ne se renou-
vellent pas et il est de mon devoir de vous
fermer les mains... provisoirement.

Le malheureux Georges retomba atterré
sur sa chaise. — Suspendu de ses fonctions !
voilà donc où l'avait conduit un moment de
faiblesse?... Il allait être perdu d'honneur
aux yeux de l'administration, aux yeux de
sa mère et des gens du bourg !... A la lueur

d'un éclair sinistre, il vit son avenir brisé, son honnêteté suspectée, et sa chère, sa jolie Fabienne réduite à la misère noire... La tête lui tourna, ses yeux se mouillèrent, sa gorge se serra, il jeta vers M. Le Dantec un regard suppliant et désespéré...

— Je vous en prie, monsieur, murmura-t-il d'une voix étouffée, ayez pitié de moi!... Je réparerai mes torts... J'ai huit ans de services irréprochables... Ne perdez pas ma vie pour une erreur d'un moment!

De violents sanglots lui coupaient la parole. Le Dantec était un galant homme et un bon camarade. Devant l'explosion d'une douleur si sincère, il se sentit pris de compassion :

— Allons, dit-il en posant sa main sur l'épaule du receveur, calmez-vous... Un grand garçon comme vous ne doit pas pleurer... Écoutez, je veux bien être indulgent, mais je ne puis pas non plus compromettre ma responsabilité... L'examen de votre gestion va me retenir ici plus longtemps que je ne pensais... Je vous donne jusqu'à demain pour mettre votre caisse en ordre. D'ici là,

remuez-vous, trouvez les fonds nécessaires,
et si demain le déficit est comblé, je n'aurai
rien vu et l'administration ne saura rien. —
Puis, voyant que le malheureux, écrasé par
son désespoir, continuait de sangloter, sans
bouger, il le força à se lever. — Morbleu.!
ajouta-t-il, secouez-vous et montrez un peu
d'énergie !... Vous avez, sans doute, des parents ou des amis auxquels vous pouvez vous
adresser !... Mettez-vous en campagne sur-
le-champ... Ne vous inquiétez pas de votre
bureau, je le tiendrai en votre absence. Partez vite et ne revenez qu'avec l'argent !..

Il le poussa dehors et Quesnel, d'un pas
chancelant comme celui d'un ataxique, se
dirigea vers la chambre de sa femme.

Au moment où il ouvrit la porte, Fabienne
essayait pour la vingtième fois le bracelet de
turquoise. En le voyant entrer pâle, défait
et les yeux rouges, elle resta saisie.

— Que se passe-t-il, Georges, es-tu ma-
lade ?

— Je suis perdu ! murmura-t-il après avoir
poussé le verrou intérieur ; l'inspecteur est

arrivé à mon bureau, ce matin, à l'improviste.

— Comment, reprit Fabienne, peu au courant des exigences administratives, c'est
l'arrivée de ce monsieur qui te met le visage
à l'envers?

— Il a fait ma caisse, poursuivit Georges,
et il a constaté qu'il y manquait cinq cents
francs... les cinq cents francs du bracelet.

— Ah! mon Dieu !... Quoi ?... l'argent
que tu m'as donné ne t'appartenait pas !...

— Non, je te savais si désolée d'être privée de la turquoise... je désirais tant te voir
heureuse... La tête m'a tourné et j'ai pris
cet argent dans ma caisse...

Les yeux de la jeune femme se remplirent
de larmes ; elle détacha le bracelet et le
posa silencieusement sur le marbre de la
commode...

— Pauvre ami, dit-elle en lui saisissant les
mains ; ainsi tu t'es compromis pour moi !...
Comme je regrette de m'être montrée aussi
peu raisonnable !... Mais aussi pourquoi
m'as-tu trompée en m'assurant que ces cinq

cents francs venaient de ton débiteur?... Si
j'avais su la vérité, je n'aurais jamais accepté
un pareil sacrifice !

— Que veux-tu ? J'espérais toucher, en
effet, ces cinq cents francs un jour ou l'autre
et tout arranger avant l'arrivée de l'inspecteur ; je ne l'attendais qu'en novembre... Et
voilà qu'il tombe chez moi à l'improviste...

— Quel malheur !... mais enfin cet inspecteur n'est pas un ogre, remarqua-t-elle
ingénument, il ne te mangera pas... Expli-
que-lui la cause de ton embarras, demande-
lui un peu de temps pour te retourner et certainement il se laissera attendrir.

— Les choses ne se passent pas ainsi,
répliqua tristement Georges. Si j'avouais
pour quel motif j'ai puisé dans ma caisse,
j'aggraverais encore ma situation. M. Le
Dantec est à cheval sur les règlements et, de
plus, entêté comme tous les Bretons...

— Breton? s'exclama Fabienne, qui se
rappela tout à coup son compagnon de
voyage de la veille.

— Oui, il a été nommé récemment à Tours

et il vient à Couzières pour la première
fois.

— N'est-ce pas un brun, à l'air très distingué, portant toute sa barbe?

— Parfaitement... Tu le connais?

— Il me semble l'avoir vu hier dans le
courrier, répondit-elle en rougissant et en
détournant la tête... Ainsi, ajouta-t-elle, il a
été impitoyable?

— Il m'a donné vingt-quatre heures pour
remettre ma caisse en ordre... Si demain
matin je n'ai pas trouvé les cinq cents francs,
je serai suspendu, dénoncé à l'administration, déshonoré !...

Quesnel, suffoqué de nouveau par sa douleur, ne put comprimer un sanglot qui lui
crispa les lèvres et retentit jusqu'au fond du
cœur de Fabienne.

— Il ne s'agit pas de se désespérer, reprit
résolument la jeune femme ; je vais louer
une voiture, courir à Tours, rendre le bracelet au brocanteur et lui redemander mes
cinq cents francs...

— Ma pauvre enfant! repartit Georges

10

avec un geste découragé, ne m'as-tu pas dit
que cet homme avait été chargé de vendre la
turquoise par une personne ayant un pres-
sant besoin d'argent ?... En supposant que le
marchand consente à sacrifier sa commis-
sion, il est évident que cette personne aura
déjà employé les fonds... Tu n'obtiendras
rien et tu perdras un temps précieux... Non,
il faut trouver autre chose.

— Si tu demandais au notaire d'ici de te
prêter la somme !

— Je suis en froid avec lui depuis que
nous avons tourné le dos à sa femme, et il
est certain qu'il me répondrait par un refus...
Non, le plus court, c'est encore de m'adresser à ma mère... J'essaierai de l'attendrir
en lui avouant franchement l'extrémité où
je suis réduit.

— Prends garde ! s'écria Fabienne effrayée,
si elle se doute que tu t'es compromis pour
m'acheter un bracelet, sa haine l'emportera
sur tout ; elle est vindicative et capable de te
renvoyer sans un sou... Si même elle veut
bien te venir en aide, elle se revanchera sur

moi et me reprochera toute sa vie le service
qu'elle nous aura rendu... Je t'en prie,
épargne-moi une pareille mortification et
sois très réservé avec elle !

Georges promit d'être circonspect et de
taire à M^me Quesnel mère le véritable motif
de sa démarche. — Comme le déjeuner était
prêt, ils s'attablèrent tristement, ne pouvant
manger ni l'un ni l'autre et, sitôt la table
desservie, le receveur alla au bourg se procurer une voiture de louage.

Le loueur était sorti ; il fallut se mettre à
sa recherche, donner l'avoine au cheval,
atteler ; — le temps s'écoulait avec une rapidité cruelle, et le misérable receveur se
rongeait d'impatience. Trois heures sonnaient déjà à Couzières, quand il put enfin
se mettre en route pour Azay.

Il refit, le cœur ulcéré, ce chemin qu'il
avait si délicieusement parcouru en compagnie de Fabienne, trois mois à peine aupa-
ravant. Les acacias maintenant étaient dé-
fleuris et les rossignols ne chantaient plus. Il
retraversa les villages et revit les fenêtres

dont il avait salué au printemps la nocturne
illumination. Les maisons lui parurent
lamentablement délabrées et les fenêtres
mornes comme des yeux dont le regard est
absent. Le *locatis* qui traînait la voiture était
une bête au trot lent et dur. — « Le temps
passe, le temps fuit ! » songeait Georges
avec anxiété, et presque simultanément une
peur le prenait, à la pensée d'affronter sa
terrible mère. Quand il vit pointer les tourelles du château d'Azay et l'aiguille du clocher parmi les arbres, les battements de son
cœur s'arrêtèrent, et il éprouva comme une
sourde défaillance. — Dans quelles disposi-
tions d'esprit allait-il trouver M^{me} Quesnel
et quel biais emploierait-il pour la déter-
miner à lui avancer cinq cents francs ?...
Pendant le trajet, il s'était résolu, afin
d'obéir aux recommandations de Fabienne,
à ne point faire allusion au déficit constaté
dans sa caisse. Il se privait ainsi, par une
nouvelle faiblesse, du seul argument sérieux,
capable de toucher le cœur dur et positif de
la veuve ; mais, d'une part, il avait toujours

redouté la rigide implacabilité de sa mère ;
tout enfant, la terreur des reproches mater-
nels paralysait déjà sa confiance, et il aimait
mieux pâtir que de lui confesser ses fautes ;
et puis il se disait que ses aveux serviraient
de prétexte à M^{me} Quesnel pour vitupérer
violemment la conduite de Fabienne ; il
prévoyait que, dans ce cas, il ne supporte-
rait pas la moindre parole injurieuse pour
sa femme ; il se fâcherait tout net, et l'entrevue aurait un dénouement préjudiciable à
ses intérêts. Il sentait que, dans la circonstance, il fallait agir avec beaucoup de prudence et d'adresse, et en même temps il constatait avec désespoir qu'il manquait du sang-
froid et de l'énergie nécessaires pour mener
à bien une pareille entreprise.

La voiture s'arrêta enfin devant la demeure
de M^{me} Quesnel ; — une maison de mine
peu hospitalière, à la façade froidement
proprette et aux persiennes soigneusement
closes. Lorsque Georges eut tiré la chaîne
de la sonnette et qu'une vieille servante se
fut décidée à lui ouvrir, il apprit que sa mère

10.

était allée visiter une de ses closeries et
qu'elle ne rentrerait pas avant sept heures.
Bien que le temps fût, à la lettre, « de l'ar-
-gent » pour lui, il se sentit, à cette nouvelle,
soudainement soulagé, comme ces patients
dont le mal de dents disparaît dès qu'ils
sonnent à la porte de l'opérateur. — Il in-
forma la domestique qu'il comptait rester à
dîner et que peut-être même il ne repartirait que le lendemain, de grand matin ; puis,
tandis que la vieille, furieuse d'être dérangée
dans ses habitudes, préparait en grognant
l'ancienne chambre du fils de la maison, il
descendit au jardin pour tromper les heures
de l'attente. — Cet enclos familier n'avait
guère changé depuis son enfance, les mêmes
bordures d'antiques buis encadraient les
planches où les légumes étaient plus abondants que les fruits ; les mêmes roses trémières pyramidales montaient aux quatre
angles des carrés ; au centre, le cadran solaire sur son piédestal moussu dormait toujours entre des ifs taillés en boule. — L'aspect de ce jardin, qui semblait s'être impré-

gué de la sévérité dure de la propriétaire,
accrut encore les angoisses et le décourage-
ment de Georges. Les arbres aux rugueuses
écorces, marbrées de lichen, les buis à l'odeur
amère, les immortelles rigides et les phlox à
demi fanés semblaient lui crier : « Tu n'as
rien à espérer ici ; l'indulgence n'y a jamais
fleuri ; le cœur y est sourd et immobile,
comme le cadran solaire sur son socle de granit... » Plus les quarts d'heure se traînaient
lentement, et plus il se sentait secoué par un
tremblement nerveux. Il s'enfuit dans la rue
et marcha au-devant de M^{me} Quesnel.

Il l'aperçut bientôt au détour d'un sentier.
Chaussée de gros souliers de campagne,
coiffée d'un chapeau rond de paille noire,
droite sur ses hanches, elle s'avançait d'un
pas ferme, en s'appuyant sur un parapluie
de cotonnade foncée qui lui servait de canne.
Quand elle reconnut son fils, elle ne put réprimer un haut-le-corps, mais sa figure resta
impassible.

— Bonsoir, Georges, dit-elle de sa voix
brève, par quel hasard es-tu ici?

— Je suis venu vous embrasser, ma mère, et passer une soirée avec vous, si cela ne vous dérange pas.

Il s'approcha et elle tendit les deux côtés de son menton rude, où il déposa deux baisers qu'elle lui rendit sans s'émouvoir.

— Un fils ne dérange jamais sa mère, répliqua-t-elle, et, du reste, depuis trois mois, je n'ai pas eu à me plaindre de la fréquence de tes visites... Tu dînes avec moi, je suppose?

— Oui, ma mère, Radegonde est déjà prévenue.

— Fort bien... Tu dîneras à la fortune du pot... Des rillettes et du veau à la casserole, voilà le menu!... Je ne suis pas habituée, comme toi, à avoir deux services... Mais assez de cérémonies et pressons le pas, car Radegonde n'aime point à attendre...

Ils s'acheminèrent vers la maison en échangeant à peine quelques paroles insignifiantes. Georges, ainsi que tous les cœurs faibles, retardait le plus possible le moment redoutable où il lui faudrait présenter sa requête;

et M<sup>me</sup> Quesnel, comme si elle se doutait
qu'on en voulait à sa bourse, conservait
une attitude glaciale, très peu encourageante.
— Un quart d'heure après, ils étaient attablés en tête-à-tête dans une petite salle à
manger aux murs nus, au carrelage froid et
luisant. La veuve n'avait nullement exagéré
la modestie du menu auquel on n'avait même
pas ajouté un plat d'entrée, en l'honneur du
fils de la maison. Georges du reste était in-
différent à ce qu'on lui servait et ne mangeait
que du bout des dents. Pendant toute la durée du repas, il se répétait mentalement :
« Il va falloir parler ! » Cette pensée lui des-
séchait le palais et lui rétrécissait le go-
sier. M<sup>me</sup> Quesnel avait mis prudemment la
conversation sur ses propres affaires. Elle
se plaignait du mauvais état de ses récoltes,
de la paresse de ses closiers, du bas prix des
denrées. — Pas une seule fois elle ne demanda des nouvelles de sa bru ; elle affectait
d'ignorer l'existence de Fabienne et gardait
un silence de mauvais augure, lorsque
Georges hasardait quelque timide allusion

à son intérieur conjugal. Pourtant, quand la vieille Radegonde se fut retirée, après avoir allumé la lampe et posé sur la nappe un maigre dessert, la veuve fixa ses durs yeux noirs sur ceux de son fils, et brusquement :

— Ça, dit-elle, qu'as-tu à me demander?... Je ne suppose pas que tu sois venu à Azay pour m'entretenir de la pluie et du beau temps !

— En effet, ma mère, répondit Georges en s'efforçant de dominer son émotion, je désirais vous parler de cette créance que vous m'avez cédée et qui est due par le vannier de Villaines... Pensez-vous que Métivier soit en mesure de payer?

— Qu'en sais-je, moi? répliqua-t-elle rudement, c'est à toi à te préoccuper de ton dû et à prendre les sûretés nécessaires.

— Vous avez raison, murmura-t-il humblement, je voulais savoir seulement si vous considériez ce vannier comme solvable, parce que... dans ce cas... je vous aurais priée de m'avancer sur cette créance cinq

cents francs dont j'ai un impérieux besoin.

Un sourire sarcastique entr'ouvrit les lèvres
serrées de M<sup>me</sup> Quesnel, puis de nouveau son
froid visage se ferma durement.

— Cinq cents francs ! se récria-t-elle, et
où veux-tu que je les prenne?... Je n'ai pas,
comme toi, l'argent mignon... Je t'ai avancé
deux quartiers de ta rente; c'est tout ce que
je puis faire... N'insiste pas, c'est inutile !

— Ma mère, supplia Georges en blêmis-
sant, ces cinq cents francs me sont absolument indispensables pour payer mon loyer
et quelques menues dettes criardes ; si je ne
les ai pas demain matin, le propriétaire me
donnera congé ; cela se saura à Couzières, ma
position n'y sera plus tenable et mon avenir
administratif même sera compromis... A qui
puis-je m'adresser, sinon à vous?... Soyez
indulgente et bonne... Je vous en prie !...
Faites cela pour ma sécurité et celle de Fabienne...

Ce dernier mot gâta tout, en réveillant la
haine de la vindicative matrone.

— La sécurité de M^{me} Fabienne m'importe peu, riposta-t-elle; pourquoi me saignerais-je aux quatre veines et subviendrais-je aux dépenses d'une folle qui te ruine et te compromet?... Souviens-toi de ce que je t'ai dit lorsque tu as voulu épouser cette.fille malgré moi... Je t'ai prévenu qu'elle te mettrait sur la paille, et je t'ai averti que tu ne devrais pas compter sur mon secours, le cas échéant... Tu t'es entêté, tu as passé outre, tant pis pour toi!... Ton ménage est un gouffre et je serais une sotte si je m'appauvrissais pour le combler... Quand je serai morte, tu seras libre d'y jeter mon pauvre argent si péniblement amassé ; mais jusque-là j'ai la prétention de ne point entamer mon capital pour payer les dépenses d'une étrangère qui n'a ni mes sympathies ni mon estime...

— Vous oubliez, repartit vivement Georges, que j'aime Fabienne et qu'elle me rend heureux... Cela, ma mère, devrait vous donner un peu plus d'indulgence !

— Je ne sais si elle te rend heureux, s'exclama la veuve dont l'aversion s'accrut d'un amer sentiment de jalousie, mais je sais du moins qu'elle te rend aveugle... Quant à moi, je ne suis point sourde et Azay n'est pas si loin de Couzières que je n'aie entendu parler des toilettes tapageuses de ta femme, de ses fréquentations aux Courtils et de sa déplorable légèreté...

— C'est faux ! protesta Quesnel indigné, je vous défends d'outrager Fabienne !

— Tu me défends ?... Allons, allons, je vois que cette péronnelle t'a changé du tout au tout. Elle a fait de toi un fils peu respectueux aussi bien qu'un mari complaisant...

— Je n'en entendrai pas davantage ! s'écriat-il, et, prenant son chapeau, il quitta violemment la maison maternelle.

Quand il fut dehors, il était encore trop bouillonnant de colère pour réfléchir qu'il venait de brûler ses vaisseaux et de ruiner ses dernières espérances. Il courut à l'auberge où son cocher était descendu. Dix heures sonnaient, le loueur dormait à poings fermés après avoir remisé son cheval, et tout

ce que l'infortuné receveur put obtenir, c'est
qu'on repartirait le lendemain, au petit jour.
Force lui fut de prendre une chambre où il
passa une misérable nuit, dans un état d'agi-
tation et de désespoir qui lui faisait craindre
pour sa raison...

Pendant ce temps, à Couzières, Fabienne
cherchait, elle aussi, à réparer le mal qu'elle
avait causé. Avec cette impétuosité, un peu
étourdie, qui la guidait seule dans ses actes,
elle se décidait à faire une tentative hardie
pour sauver son mari. D'après les indices
qu'elle avait recueillis dans son entretien
avec Georges, elle avait la conviction que
l'inspecteur Le Dantec n'était autre que son
compagnon de voyage de la veille, et, en
se remémorant ses impressions, il lui semblait que cet aimable compagnon ne pourrait résister aux supplications pressantes
d'une femme pour laquelle il s'était montré
si sympathique pendant une heure. — Il
devait avoir le cœur aussi généreux que
tendre, et certainement, quand elle lui aurait tout dit, il se laisserait fléchir.

Pourtant, avant de mettre son projet à exécution, elle voulut s'assurer de l'identité de celui qu'elle songeait à implorer et, cachée derrière les rideaux de son salon, elle guetta la rentrée de l'inspecteur. Elle l'aperçut bientôt qui s'acheminait lentement vers le Prieuré. C'était bien le voyageur de la veille, et ses dernières hésitations s'évanouirent. Elle se hâta de se préparer pour l'entrevue qu'elle méditait, procéda minutieusement à sa toilette, se recoiffa, revêtit une robe à la fois élégante et simple, et, une fois armée en guerre, elle attendit que quatre heures sonnassent à sa pendule. C'était l'heure où le public n'était plus admis, et par conséquent le moment où elle avait chance de ne pas être troublée par quelque fâcheux. Alors, le cœur battant, elle se glissa jusque vers le seuil du bureau et appliqua son oreille contre la porte. — Oui, l'inspecteur était bien seul. — Elle heurta légèrement...

— Entrez ! dit une voix dont elle reconnut le timbre grave et caressant.

Elle ouvrit rapidement la porte et M. Le
Dantec ne put retenir un mouvement de
surprise en se retrouvant en présence de la
voyageuse du courrier de Couzières.

# V

— Madame ! s'exclama-t-il en se levant
de son air le plus aimable... Puis il s'arrêta
en remarquant que la visiteuse était nu-tête,
sans gants et en taille, comme une personne
qui se trouve chez elle ; un soupçon refroidit
son premier élan.

Fabienne devina sans doute ce qui se passait en lui, car elle alla au-devant de la question qu'elle lisait dans les yeux étonnés de
Le Dantec.

— Monsieur, murmura-t-elle en rougissant, je suis M^{me} Quesnel...

La physionomie de l'inspecteur redevint
sérieuse avec une nuance d'embarras. Il
comprit que la jeune femme était au cou-

11.

rant de la situation et qu'elle venait intercé-
der en faveur de son mari. Il prévit une
scène de larmes et se dit qu'il fallait redou♦
bler de circonspection. Si chevaleresque
qu'il fût, il ne transigeait pas sur le chapitre
du devoir, et le goût qu'il avait pour les jolies
femmes n'allait pas jusqu'à lui faire oublier
les intérêts qu'il était chargé de défendre.
Néanmoins, il se sentait remué en songeant
aux transes que devait éprouver sa charmante compagne de voyage, et ce fut d'un
ton à la fois compatissant et grave qu'il reprit :

— Madame, je suis désolé que notre
seconde rencontre ait lieu en d'aussi pénibles circonstances. Si, comme je le suppose, M. Quesnel vous a instruite de ce qui
arrive, il a dû vous dire aussi que j'ai fait
tout ce qui dépendait de moi pour l'aider à
se tirer de ce mauvais pas...

— Oui, monsieur, répondit tristement
Fabienne, je sais que vous lui avez donné
vingt-quatre heures pour se procurer la
somme qui lui manque... Je vous en remercie

et je viens vous supplier de vous montrer plus bienveillant encore...

— Je ne le puis pas, interrompit hâtivement Le Dantec, j'ai été aussi indulgent que me le permettait ma conscience... Votre mari est-il parti?

— Il est parti sur-le-champ, mais j'ai le pressentiment qu'il ne réussira pas dans sa démarche et qu'il reviendra sans argent... Il n'est ni assez énergique ni assez débrouillard pour se tirer d'affaire... Il échouera... Et alors, monsieur, il est perdu si vous n'avez pitié de lui!...

— Madame, répliqua l'inspecteur en se raidissant contre l'émotion amollissante causée par ces deux beaux yeux suppliants, je suis très peiné, croyez-le bien, très peiné de vous opposer un refus. Il m'est impossible de faire davantage.

— Ne pourriez-vous pas, insinua-t-elle en tournant vers lui un long regard mouillé, garder le silence pendant quelques jours, jusqu'au moment où Georges aurait trouvé les fonds nécessaires?...

— Non, dit-il sévèrement, en masquant
par un mensonge une situation fâcheuse, je
partagerais la culpabilité de M. Quesnel.

— Mais il n'est pas coupable! protesta la
pauvre Fabienne en joignant les mains... la
seule personne fautive dans cette malheureuse
affaire, c'est moi... Oui, moi qui n'ai pas su
résister à une tentation et qui ai tourmenté
mon mari jusqu'à ce qu'il cède à un de mes
caprices... Oh! ajouta-t-elle avec des intona-
tions ingénument câlines, je veux tout vous
conter, monsieur ; vous verrez combien
Georges est innocent dans tout cela et combien il est bon...

Alors, avec des sanglots dans la gorge,
qui donnaient à sa voix quelque chose de
plus troublant, elle conta l'histoire de la
turquoise : comment elle avait été hantée
par le désir de posséder ce bijou, la scène
injuste qu'elle avait faite à son mari et la
pression morale qu'elle avait exercée sur lui
pour l'amener à lui donner l'argent du bracelet.

— Il n'a pas voulu me contrarier, continua-t-elle, et un matin il m'a apporté les cinq cents francs... Je revenais précisément d'acheter la turquoise lorsque vous m'avez rencontrée dans la voiture de Couzières... Vous le voyez, tout l'odieux de la faute doit retomber sur moi, et il n'est pas juste que Georges soit puni pour avoir été trop bon... N'est-ce pas, monsieur, vous serez indulgent? Vous ne direz rien à l'administration?... Je vous en prie, faites cela pour moi... Je suis si... si malheureuse!

Elle fondait en larmes et elle avait une si mignonne façon de pleurer que son chagrin la rendait encore plus jolie. Le Dantec commençait à se sentir fortement attendri. Il n'avait jamais pu voir une femme pleurer sans être pris du désir de la serrer dans ses bras et de sécher ses larmes avec des baisers. En ce moment il subissait la poussée de cette sensibilité nerveuse, et il avait besoin de se rappeler les exigences du devoir professionnel ainsi que la délicatesse de sa situation en face de la femme de son subordonné, pour ne pas succomber à la tentation. Néanmoins il faiblissait ; son cœur était agité à la fois par une charitable compassion et par un sentiment d'une nature plus intime.

— Allons, madame, dit-il en serrant paternellement les mains de Fabienne, ne vous désolez pas... Cherchons plutôt ensemble un moyen d'arranger les choses... Peut-être en trouverons-nous un auquel vous n'aviez pas tout d'abord songé ?... Ce bracelet, cause de tout le mal, ne pourrait-on le reporter au marchand qui l'a vendu et qui consentirait certainement à le reprendre moyennant une légère compensation?

Fabienne hocha la tête.

— J'y avais bien pensé, répliqua-t-elle et j'en avais parlé à mon mari. Il m'a objecté que le brocanteur n'ayant été qu'un intermédiaire, la personne qui s'était défaite de ce bijou par nécessité en avait déjà probablement employé le prix... Alors nous avons renoncé à tenter une démarche infructueuse...

— Vous auriez dû tout au moins essayer, objecta Le Dantec.

— Si vous croyez que j'aie quelque chance de réussite, murmura docilement Fabienne, je vais prendre une voiture et courir chez le brocanteur ?...

Le Dantec s'était accoudé au casier du bureau dans une attitude méditative.

— Non, repartit-il après un moment de silence, une démarche de ce genre est toujours pénible pour une femme, et d'ailleurs il est trop tard pour que vous vous risquiez, seule à Tours et sur les routes... Confiez-moi le bracelet, madame, j'irai ce soir même trouver votre marchand ; j'aurai, en ma qualité d'homme, plus d'autorité pour traiter avec lui, et j'espère bien le décider à rendre l'argent.

Fabienne, déjà à demi réconfortée par cette assurance, avait pris les mains de l'inspecteur et les pressait dans un naïf élan de gratitude.

— Oh ! monsieur, s'écria-t-elle avec vivacité, combien je vous remercie !... Vous réussirez, j'en suis certaine... Je cours chercher la turquoise !

Elle se sentait comme allégée. La maturité et le sérieux de Le Dantec lui donnaient confiance et, avec sa mobilité d'esprit, elle passait rapidement de l'extrême désespoir à une consolante sécurité. Elle ouvrit la porte qui communiquait avec la chambre à coucher, disparut un instant, et quand elle revint, elle souriait déjà à travers ses larmes.

— Tenez, monsieur, dit-elle, le voici, ce bracelet de malheur!...

Elle entre-bâilla l'écrin, soupira, puis le referma précipitamment.

— Non, je ne veux plus le regarder... Cela me fait trop de peine!

— Voyons-le, au contraire, répliqua Le Dantec en riant.

Il tira le bijou de l'écrin et l'examina.

— Avouez qu'il est joli, soupira de nouveau Fabienne, et convenez que je suis excusable de l'avoir désiré!

— J'en conviens, répondit l'inspecteur, mais en ce monde nous sommes tous peu ou prou condamnés à rentrer nos désirs...

Tandis qu'il prononçait ces mots, il fixait obstinément ses yeux sur le bras blanc et rond de la jeune femme. Il finit par réintégrer le bracelet dans l'écrin qu'il mit en poche, puis tirant sa montre :

— Voyons, dit-il, il n'est pas loin de six heures ; je vais dîner pendant qu'on me procurera une voiture et j'arriverai à Tours à la nuit... Les pourparlers avec le marchand me prendront bien une heure... Autant pour revenir... Je puis être ici vers dix heures environ. Voulez-vous, madame, avoir la bonté d'attendre mon retour dans ce bureau ?... Je frapperai trois coups aux volets afin de n'éveiller personne.

Fabienne inclina la tête en signe d'assentiment et remercia chaleureusement Le Dantec qui courut à l'hôtel, afin de hâter les préparatifs du départ. Une heure après, il volait sur la route de Tours et occupait doucement les loisirs du trajet à se remémorer les agréables détails de son entrevue avec Mme Georges Quesnel. — Dans la boîte incommode du coupé enténébré il revoyait

12

très distinctement la séduisante figure de la
jeune femme : les cheveux dorés frisottant
sur le front, la verte et attirante lueur des
yeux humides, la saignante rougeur des
lèvres entr'ouvertes par un sanglot. « Elle est
bien charmante, songeait-il... un peu coquette, mais avec tant de naïveté !... C'eût
été grand dommage de la laisser dans l'embarras... Mais ne me suis-je pas trop avancé
en lui promettant de décider son brocanteur
à reprendre le bracelet ? Si je ne réussis pas
à rattraper les cinq cents francs, je serai au
retour dans une situation assez sotte... Bah !
essayons toujours ; il y aurait conscience
d'abandonner une jolie femme dans un moment critique... Si le bijoutier s'entête à
garder l'argent et si les démarches du mari
n'aboutissent pas, que vont devenir ces deux
malheureux jeunes gens ?... En supposant
que l'administration se montre indulgente,
c'est à tout le moins une disgrâce qui attend
Quesnel, un renvoi dans un bureau de classe
inférieure... Il n'a que ses appointements
pour vivre et sa jeune femme aime le plaisir...

La pauvre !... La voyez-vous se morfondre au fond de quelque affreux trou de village, en Bretagne ou dans les Cévennes ? Ce serait pitié, et il faut absolument la tirer de là, dans son intérêt comme dans celui de son mari... Un brave garçon, ce Quesnel, mais un cœur faible... L'aime-t-elle, au moins ?... Hum !... Elle ne paraît pas avoir beaucoup de confiance dans son énergie ni dans les ressources de son esprit. Elle s'estime supérieure à lui et elle a raison. Or, une femme qui commence à constater l'infériorité de son mari est bien près de ne plus l'aimer... Elle était adorablement jolie, ce soir... Allons, allons, où ai-je la tête?... Les beaux yeux de M^{me} Quesnel m'ont-ils ensorcelé au point de troubler mon équilibre moral?... »

Il était si enfoncé dans ses ressouvenirs et ses méditations qu'il ne s'apercevait pas du chemin parcouru.

— Où faut-il vous conduire, monsieur? demanda tout à coup le cocher.

On était arrivé sur le Mail, en face du Palais de justice.

— Arrêtez-vous à l'hôtel de la Boule-d'Or,
répondit Le Dantec, et attendez-moi... Je
reviendrai vous prendre dans une heure...

Il courut rue de la Scellerie et trouva la
boutique du brocanteur fermée. Il eut beau
frapper, personne ne vint ouvrir ; un voisin
auquel il s'était adressé lui apprit que le
bijoutier ne rentrerait que dans deux jours.

Le Dantec n'avait pas prévu cette conjonc-
ture et se trouva fort décontenancé.

— Que faire ? Il s'était porté fort de revenir avec l'argent, et M$^{me}$ Quesnel serait
d'autant plus cruellement déçue qu'elle avait
cru devoir compter sûrement sur la promesse de l'inspecteur. Si son mari, comme
elle paraissait le craindre, échouait de son
côté dans sa tentative, quel crève-cœur au
réveil !... Après avoir leurré la jeune femme
d'espérances illusoires, Le Dantec aurait-il
le barbare courage de remplir jusqu'au bout
sa pénible mission et de ruiner l'avenir de ce
ménage d'employés ? Les assurances qu'il
avait données à Fabienne ne l'engageaient-
elles pas moralement à se montrer moins

sévère ou du moins à exécuter complètement sa promesse ?... Il se représenta la
détresse de M<sup>me</sup> Quesnel lorsqu'elle le verrait arriver les mains vides, et fut remué
de pitié ; puis, par contre, il songea à l'explosion de joie et de reconnaissance qui
l'accueillerait, s'il rentrait tout à l'heure
avec les cinq cents francs en poche, et sur-
le-champ il décida en son par-dedans que
cette dernière hypothèse se réaliserait. —
La question d'argent ne pouvait pas l'arrêter : il était célibataire, indépendamment de
sa place il avait cinq ou six mille francs de
rente, et il possédait dans son secrétaire une
provision assez ronde pour lui permettre de
faire ce sacrifice pécuniaire. Il laisserait croire
à Fabienne que cette somme lui avait été
versée par le bijoutier en échange du bracelet, et il aurait une bonne action à son crédit.

Ce parti une fois pris, il se dirigea vers son
domicile, tira de sa réserve un rouleau d'or,
retourna à l'hôtel où il avait laissé son cocher
et monta, le cœur plus léger, dans la voiture
qui repartit vivement.

Chemin faisant, il songea avec une sorte
de délectation à la joyeuse surprise qu'il cau-
serait à la jeune femme. Il se vit marchant
allégrement sur la route du Prieuré et heur-
tant d'un doigt discret aux volets du bureau,
et il ne put s'empêcher de trouver que tout
cela prenait une agréable tournure romanesque. Assurément il n'était ni assez fat ni
assez peu délicat pour spéculer sur le sacrifice qu'il s'imposait ; mais en dépit de ses
sentiments chevaleresques, il était homme :
il éprouvait une douce palpitation en rêvant
à l'accueil de Fabienne et en édifiant de
vagues châteaux en Espagne, dont la chimé-
rique architecture était baignée d'une tendre
lumière amoureuse.

Quand la voiture de louage s'arrêta devant
la porte du *Cheval blanc*, dix heures sonnaient à l'église de Couzières. M. Le Dantec
quitta presque immédiatement l'auberge et,
retraversant le pont de l'Indre, se glissa
mystérieusement dans le chemin du Prieuré.
Il faisait une nuit noire, une de ces nuits
propices, comme en souhaitent les amou-

reux qui vont à un rendez-vous. Les grands
arbres qui bordent la route et dont les branches se rejoignent, rendaient l'obscurité
encore plus opaque. L'inspecteur s'avançait
à tâtons et, tout en marchant avec précaution, sentait son cœur battre. Arrivé à un
carrefour où les arbres s'éclaircissaient, il
aperçut confusément le logis du receveur et
reconnut l'auvent tapissé de glycine. Alors il
frotta une allumette ; guidé par cette brève
lueur, il se dirigea vers la fenêtre du bureau
et frappa trois petits coups aux volets.

L'un des contrevents s'entre-bâilla et une
voix prudemment assourdie chuchota :

— Est-ce vous, monsieur?

— C'est moi, madame.

— Attendez, je vais ouvrir...

Le Dantec entendit une clé tourner dans
la serrure, puis une petite main un peu trem-
blante prit la sienne et le fit pénétrer dans
le bureau demeuré très sombre. — Une
porte de communication largement ouverte
laissait voir la pièce contiguë où une lampe,
dont la mèche était baissée, répandait une

faible clarté. L'inspecteur n'avait pas quitté la main de la jeune femme, et celle-ci, très anxieuse, ne paraissait pas s'en apercevoir.

— Eh bien? murmura-t-elle.

— Eh bien! j'ai pleinement réussi et je vous rapporte l'argent.

— Vraiment... oh! quel bonheur!

— Ça n'a pas été sans peine, reprit Le Dantec qui crut devoir orner son récit de quelques détails imaginaires, afin de le rendre plus vraisemblable ; ce brocanteur ne voulait pas d'abord entendre raison. J'ai été obligé d'agir par intimidation. Je lui ai dit que le marché, conclu sans l'autorisation de votre mari, était nul de plein droit... Alors il a dressé l'oreille et a fini par restituer les cinq cents francs... Les voici, ajouta-t-il en glissant le rouleau d'or dans la main de Fabienne.

— Merci, merci de tout cœur, monsieur! s'écria celle-ci en posant les vingt-cinq louis sur le casier du bureau et en poussant un soupir de soulagement ; vous avez été bien bon pour nous, j'en suis touchée plus que je

ne puis dire, et je vous en garderai une pro-
fonde reconnaissance...

Dans sa joie elle lui serrait les mains avec
effusion, et Le Dantec se trouvait délicieusement récompensé de ses peines par l'étreinte
de ces mignons doigts nerveux, par l'expan-
sif abandon de cette jolie femme dont il entendait dans l'ombre la respiration émue.

— Vous donnerez, murmura-t-il d'une
voix étranglée, l'argent à votre mari quand
il rentrera... Et comme je désire que mon
nom ne soit pas mêlé à cette affaire, vous
lui direz que vous avez été vous-même rendre
le bracelet au bijoutier... Votre sacrifice n'en
aura que plus de mérite à ses yeux... Maintenant, chère dame, permettez-moi de
hasarder un conseil qui m'est dicté par une
affectueuse sympathie... Ne mettez plus
M. Quesnel dans la fâcheuse alternative d'oublier ses devoirs ou de vous mécontenter...
Vous êtes plus énergique que lui et vous sau-
rez mieux vouloir.

— Oui, monsieur, je vous le promets, je
serai plus raisonnable ?... Je l'aurais été da-

vantage si, dès le commencement, Georges
avait eu le courage de me guider et de m'imposer sa volonté... C'est un brave et honnête
garçon, mais il ne pèche pas par la force de
caractère et il n'a jamais su dire non... Alors,
vous comprenez, à mon âge et quand on
aime la toilette, on n'est que trop disposée à
abuser de cette faiblesse pour satisfaire un
caprice...

La clairvoyance avec laquelle M^{me} Quesnel jugeait et critiquait son seigneur et
maître, n'était pas de nature à rendre Le Dantec trop scrupuleux. Il pensait à part lui,
tout en l'écoutant : « Décidément, elle aime
peu son mari et le jour viendra où, tentée
par l'occasion, l'herbe tendre..., elle en ai-
mera un autre... Pourquoi cet autre ne serait-il pas moi?... » Et peu à peu, traîtreusement, perversement, l'idée d'une bonne fortune possible s'insinuait dans l'esprit de l'inspecteur. La troublante influence de l'ombre
qui les enveloppait tous deux et accroissait
le charme de ce tête-à-tête non prémédité,
les yeux de Fabienne qui brillaient dans

l'obscurité, la familiarité de ses naïves confidences, tout cela étouffait les instincts généreux de Le Dantec. Des bouffées de tendresse
lui gonflaient le cœur et il perdait de plus en
plus son sang-froid.

— Excusez moi de vous entretenir de tout
cela, reprit Fabienne, étonnée de le voir silencieux, votre bonté pour moi m'a rendue
communicative et je vous parle comme à un
ami... Je vous ai confié mes petits secrets et
je dois vous avouer mes défauts... J'adore les
bijoux et j'ai bien peur de ne me corriger
jamais de ce péché-là.

— Qu'avez-vous besoin de bijoux? répliqua-t-il en lui ressaisissant les mains, n'êtes-
vous pas assez jolie pour vous en passer?...
Croyez-vous que votre bras nu ne soit pas plus
charmant sans ce bracelet de turquoise qui
le gâtait?... Vos adorables cheveux blonds
ne sont-ils pas une beauté plus rare que les
diamants et les perles?

En même temps, succombant cette fois à la
tentation, il attirait Fabienne à portée de ses
lèvres et lui baisait dévotement les cheveux.

Un moment étourdie par la vivacité de
cette caresse inattendue, la jeune femme ne
put proférer une parole. Puis brusquement
le sentiment de la réalité la réveilla, elle
comprit le danger et d'une voix effrayée :

— Je vous en prie, balbutia-t-elle, laissez-
moi... Ne me faites pas de peine!

— Je vous aime! répondit-il en essayant
de reprendre ses mains qui se dérobaient.

— Non, repartit-elle d'un ton suppliant, ne
me dites pas cela... Si j'ai été inconséquente
tout à l'heure, si je vous ai parlé de Georges
de façon à vous faire croire que j'avais moins
d'affection pour lui, détrompez-vous... Je
l'aime... Oui, je l'aime aujourd'hui ainsi
qu'au premier jour! répéta-t-elle comme
pour détruire un doute pressenti... Jamais
mieux que ce matin, je n'ai senti combien je
lui étais attachée lorsque je l'ai vu malheureux à cause de moi, et je serais impardonna-
ble si ce soir, tandis qu'il revient peut-être
désespéré, j'agissais de façon à lui donner le
droit de me soupçonner de la moindre légèreté... Grâce à vous, nous sommes sauvés

et je vous en aurai une éternelle reconnaissance ; mais, je vous en prie, ne me gâtez
pas la joie que j'éprouverai à me souvenir
de votre bonté...

La griserie qui s'était emparée de Le Dantec fut en partie dissipée par la subite évo-
cation de ce mari, — ce subordonné qu'il
méditait de tromper dans sa propre maison.
— Il fit un rapide retour sur lui-même et
comprit qu'il risquait de jouer un rôle odieux.
Il avait l'air de vouloir arracher à la faiblesse
de cette jeune femme le paiement du service
qu'il venait de lui rendre. Le Breton senti-
mental et chevaleresque se réveilla en lui. Il
eut honte de son emportement :

— Madame, balbutia-t-il, pardonnez-
moi...

— Partez, insista-t-elle avec un accent
attendri, afin que nous n'ayons rien à re-
gretter de ce qui s'est passé.

— Oui, dit-il en se dirigeant vers la porte
du bureau, je pars... Je quitterai Couzières demain matin après avoir régularisé la caisse...
Nous ne nous reverrons donc plus, sans

doute... Et maintenant que vous êtes obéie,
Madame, prouvez-moi que vous ne me gardez
pas rancune de... ma folie, en me laissant
vous serrer les mains une dernière fois.

Elle lui tendit ses deux mains et serra les
siennes avec une vivacité nerveuse ; puis elle
se détacha lentement de cette étreinte et
ouvrit la porte :

— Adieu, Monsieur, murmura-t-elle faiblement, adieu... Je n'oublierai jamais ce
que vous avez fait pour moi...

Une fois que Le Dantec eut disparu dans
les ténèbres du chemin, elle referma rapidement la porte, la verrouilla et regagna sa
chambre. Elle s'assit dans un fauteuil, la
tête renversée, les yeux clos, — joyeuse de
sa sécurité reconquise, et en même temps
poursuivie par une vague tristesse. Elle se
sentait brisée par la fatigue, et, peu à peu,
le sommeil la prit dans ce fauteuil, où elle
s'endormit tout habillée.

Vers six heures, elle fut éveillée par le
bruit d'une voiture qui s'arrêtait devant la
porte du Prieuré. Elle courut dans le vesti-

bule au-devant de Georges Quesnel, qui rentrait pâle et la tête basse.

— Eh bien! demanda-t-elle en l'emmenant dans la chambre à coucher, ta mère t'a-t-elle donné l'argent?

— Non, répondit-il d'une voix éteinte.

— Je m'en doutais...

— Nous sommes perdus, continua-t-il en se laissant tomber sur une chaise.

— Nous sommes sauvés, au contraire! s'écria-t-elle triomphante; tu sais que je n'avais pas confiance dans le succès de ton voyage à Azay... Quand tu as été parti, j'ai mis mon projet à exécution... J'ai renvoyé la turquoise au bijoutier et il a consenti à me rendre mon argent.

— Tu as fait cela, toi, chérie? s'exclama Georges ébaubi.

— Oui, répliqua-t-elle en étalant le rouleau d'or sur la table, voici les cinq cents francs.

— Fabienne, tu es un ange! dit-il en l'attirant sur sa poitrine.

Elle se jeta à son cou avec une convulsive tendresse et voulut l'embrasser, mais bien-

tôt une soudaine crise de larmes la força
d'interrompre ses caresses.

— Tu es énervée, ma mignonne, reprit
Quesnel, repose-toi un instant, pendant que
j'irai mettre ma caisse en ordre...

M. Le Dantec tint parole. Dès qu'il eut régularisé ses écritures, il quitta le bureau sans
revoir Fabienne. Depuis cette époque, un an
s'est écoulé, et il n'a pas eu occasion de revenir à Couzières. Mais il repense souvent
à cette heure très douce passée dans le bureau enténébré, en tête à tête avec la jeune
femme blonde aux ensorcelants yeux verts.
Parfois, pendant une soirée de solitude, il
fouille au fond d'un tiroir, entr'ouvre un
écrin de velours bleu fané et regarde le bracelet de turquoise. En même temps, le souvenir de Fabienne lui revient, accompagné
d'un sourire attendri, et il murmure mélancoliquement : « Bah ! mieux vaut encore
garder en son cœur la douceur d'un regret
que le dégoût d'un remords. »

# CONTES

13.

# CONTE DE CARÊME

— Cousine Noémi, contez-nous une histoire?

On est à la campagne, à Retondes, entre la forêt de Laigue et la forêt de Compiègne, au fond d'une vieille maison, demi-ferme et demi-manoir, bâtie en un pli de la vallée de l'Aisne. Les fenêtres ouvrent sur un verger touffu qui dévale en pente douce jusqu'aux berges de la rivière. Le crépuscule, qui arrive dès sept heures en avril, embrunit le fond de la vallée et veloute d'une vapeur bleuâtre les poiriers et les pruniers tout blancs de fleurs. Le vent, encore hu-

mide des giboulées du matin, apporte des
odeurs de sève et de bourgeons verts dans
le salon, où un pétillant feu de pommes de
pin égaie la haute cheminée.

La famille est venue à Retondes passer les
vacances de Pâques, et comme la semaine
sainte ne permet pas de distractions bruyan-
tes, les grands-parents jouent au whist,
tandis que, à l'autre bout de la pièce
spacieuse, les jeune gens : garçons de
vingt à vingt-cinq ans et filles de dix-huit,
entourent le canapé où madame Noémi
roule un ouvrage de tapisserie.

Cette dernière est une femme de quarante-cinq ans, très jeune d'esprit, ayant,
malgré ses cheveux grisonnants, de grands
yeux printaniers, un joli timbre de voix, une
réveillante vivacité et une rare verdeur.
Mariée deux fois dans d'assez tristes conditions, elle n'a pas eu beaucoup à se louer de
la vie. Néanmoins, ce qui est très méritoire,
en ce temps-ci, où le pessimisme est à la
mode, les déboires ne l'ont pas rendue
maussade. Quand on a l'âme saine, on sait

porter ses ennuis même avec grâce, et madame Noémi possède cette inappréciable
santé de l'âme. Aussi est-elle le boute-en-
train de ces jeunes gens qui se pressent
autour d'elle, et, comme la jeunesse d'aujourd'hui est assez morose, c'est elle souvent qui a l'air d'avoir vingt ans, tandis
qu'eux paraissent en porter quarante.

— Vous voulez une histoire, dit-elle en
souriant, eh bien! en voici une qui sera de
saison, puisque nous sommes en semaine
sainte.

Il y a vingt ans, j'étais veuve de mon premier mari et je vivais fort solitaire dans un
appartement du faubourg Saint-Germain. Je
me hâte de vous dire que cette solitude ne
me pesait pas. J'avais vu beaucoup le monde
pendant mes trois années de mariage, et il
m'avait laissé une impression de fatigue et
d'asservissement dont je n'étais pas fâchée
de me remettre. Je lisais, je travaillais à l'aiguille, je jouissais paisiblement de mon in-
dépendance reconquise, et, bien que je
comptasse vingt-cinq ans à peine, mon iso-

lement m'était très doux. Je voyais de loin
en loin quelques amis intimes, je dînais une
fois par semaine chez mon grand-père maternel, et mes distractions se bornaient là.
Le reste du temps, je demeurais enfermée
chez moi, en tête-à-tête avec ma vieille bonne
Nanniche, qui cumulait les fonctions de
femme de chambre et de cuisinière.

Cette Nanniche était une chambrière
adroite et dévouée, mais un cordon-bleu des
plus médiocres ; elle manquait d'invention,
ignorait l'art de varier ses menus et de
rendre un plat appétissant ; bref, elle mettait ma gourmandise à une rude épreuve :
car j'ai toujours été portée sur ma bouche,
je l'avoue, et ce vice s'était encore déve-
loppé depuis mon veuvage... La gourmandise
doit être spécialement le péché des gens
condamnés à vivre en solitude.

Pendant le carême de l'année dont je
parle, jamais l'inhabileté culinaire et la pauvreté d'imagination de Nanniche ne s'étaient
plus tristement manifestées. Aussi attendais-
je avec impatience la fin de la semaine

sainte. Le matin du vendredi saint, je vis entrer dans ma chambre ma cuisinière triomphante :

— Madame, commença-t-elle d'un air finement souriant, madame ne me reprochera plus de lui servir toujours la même chose... J'ai trouvé un plat dont madame n'a pas encore mangé depuis que nous sommes en carême et je lui réserve une surprise pour ce soir.

— Quelle surprise, Nanniche ?

— Voici, reprit-elle en s'épanouissant, j'ai fait, hier, dessaler de la morue et je l'accommoderai à la sauce blanche pour le dîner.

— De la morue ? m'exclamai-je avec horreur.

Je suis comme le *petit épicier*, de Coppée :

Je ne puis pas sentir l'odeur de la morue...

— De la morue, répétai-je, je la déteste !

— Bonnes gens ! protesta Nanniche en joignant les mains, c'est-il Dieu possible ?... Mais j'assure à madame que c'est très bon...

avec des pommes de terre autour... Moi, je m'en lèche les doigts!

— Eh bien, vous pourrez vous en gorger tout à votre aise, car je ne dînerai pas ici ce soir !

Là-dessus je m'habillai, je mis mon chapeau, mes gants, et je sortis furieuse.

De la morue!... Après le maigre dîner de la veille et les sardines du déjeuner, c'était un comble... Je ne décolérais pas, et, les lèvres serrées, la tête basse, je marchais droit devant moi, d'un pas accéléré, comme si j'avais eu hâte de fuir mon logis déshonoré par l'odeur nauséabonde du *stockfish*. Sans presque m'en douter, je me trouvai dans le jardin des Tuileries, où les lilas bourgeonnaient et où les pousses nouvelles des marronniers verdoyaient sur le ciel d'un bleu tendre. La gaieté du soleil et la joie des enfants courant parmi les quinconces dissipèrent brusquement ma mauvaise humeur. J'eus honte de ma colère et, m'asseyant au pied d'un arbre, je ne pus m'empêcher de rire :

— Tout ça est bel et bon... Mais où dî-
nerai-je ce soir?... Bast! j'irai chez mon
grand-père Le Faucheux. Il ne mange jamais
hors de chez lui et je suis sûre que Victoire
lui aura cuisiné un bon maigre, car elle s'y
entend et le bonhomme est difficile.

Je me décidai donc à gagner, de mon
pied léger, la rue de Vintimille, où demeurait mon aïeul. Tout en cheminant, je son-
geais :

— Armand viendra sans doute dîner... Il
aime la bonne chère : c'est encore une ga-
rantie, et puis il est amusant et nous passe-
rons une agréable soirée.

Mon grand-père Le Faucheux s'était marié
deux fois, et chacune de ses femmes lui avait
donné un enfant, qui avait fait souche à son
tour. Armand était un petit-fils du second
lit et par conséquent mon cousin. Il vivait
avec notre aïeul, dont il était le Benjamin,
et il courait sur ses vingt-huit ans. Joli
garçon, très gâté, un peu fat, il ne manquait
pas d'esprit et me faisait un doigt de cour, ce
dont je riais sans le prendre trop au sérieux.

Après avoir flâné le long de la rue de la
Paix, sur les boulevards et dans la Chaussée-
d'Antin ; après m'être choisi, en imagination, des toilettes ou des bijoux à chaque
vitrine, j'arrivai, vers cinq heures, rue de
Vintimille, je sonnai chez mon grand-père,
et sa corpulente cuisinière vint, en soufflant,
m'ouvrir la porte.

— Victoire, m'écriai-je, bon-papa est-il
rentré ?

— Oui, madame ; môssieu est dans son
cabinet.

— Je viens lui demander à dîner... Qu'y
a-t-il pour ce soir ?

— Madame, nous avons des épinards et de
la morue aux pommes de terre.

— De la morue ?... encore !... c'est un
règne ! Je croyais que bon-papa ne l'aimait
pas...

— Oh ! j'ai une petite sole pour môssieu,
et puis M. Armand apportera sans doute
quelque gourmandise... Soyez tranquille,
madame, nous ne vous laisserons pas mourir
de faim !

Un peu rassérénée par ces paroles et sachant, d'ailleurs, que Victoire était une cuisinière pleine de ressources, j'entrai dans le cabinet de mon grand-père, en faisant bonne mine à mauvais jeu :

— Bonjour, bon-papa! dis-je en l'embrassant. Je me suis invitée à dîner.

Ancien chef de division aux Travaux publics, mon grand-père était un petit homme sec, bien conservé, galant avec les dames, mais fort rageur et un tantinet égoïste. Sa moustache grisonnante lui donnait l'air d'un ancien militaire. Il portait chez lui, comme dans l'ancien temps, un pantalon à pied et un bonnet grec.

— Je me doutais que tu viendrais, répondit-il malignement ; je me suis dit : aujourd'hui, le poisson est cher, Noémi a dû donner congé à sa cuisinière et j'aurai sa visite... Armand aussi sera des nôtres, et nous ferons un whist... Par exemple, je ne sais trop quel est le menu.

Il le savait parfaitement, puisqu'il s'était commandé une sole ; mais il n'était pas fâché de feindre une sournoise ignorance, afin de tout mettre sur le dos de Victoire, au cas où le dîner ne nous plairait pas.

Au bout d'une demi-heure, mon cousin Armand arriva et fut enchanté de me trouver là. Tandis que, selon son habitude, il me débitait force compliments, je l'examinais à la dérobée. Il n'avait pas encore quitté son pardessus et je sondais de l'œil les poches de ce vêtement, en cherchant à découvrir s'il contenait la surprise supplémentaire sur laquelle je comptais. J'avais bonne envie de le tirer à l'écart et de le questionner; mais mon grand-père ne nous quittait pas d'une semelle, et, en sa présence, il m'était difficile de trahir mes préoccupations gourmandes.

Au coup de six heures — à l'ancienne mode — Victoire vint annoncer que monsieur était servi.

— Ah! tant mieux! s'exclama Armand, j'ai l'estomac d'un creux... Et vous, cousine?

— Moi, je tombe de faim, répliquai-je.

En même temps je pensais : « Si tu n'as

rien apporté, tu t'en repentiras tout à l'heure,
et ce sera bien fait... »

— Allons, dit mon grand-père en m'offrant
le bras, j'aime à vous voir tous deux en appétit... Passons à table.

Dans la salle à manger où nos trois cou-
verts avaient peine à meubler la spacieuse
table ronde, une soupière fumait sur la
nappe.

— Potage de santé! reprit notre aïeul en
nous servant une assiette de soupe à l'oseille...
Nos pères ne manquaient jamais de se mettre
à un régime herbacé, à l'entrée du printemps... C'est rafraîchissant et apéritif!...

Dès que le potage fut enlevé, Victoire
apparut avec un plat discrètement couvert
d'une cloche en plaqué, mais dont le contenu
exhalait une caractéristique odeur saumâtre.

Armand, narines ouvertes, respirait d'un
air inquiet ces émanations suspectes, et moi
je me tamponnais le nez avec ma serviette.

— Qu'avons-nous comme poisson, Victoire? demanda hypocritement mon grand-
père.

— Môssieu le sait bien, repartit la grosse
cuisinière, c'est de la morue.

En même temps, elle enlevait la cloche, et
le poisson détesté se montrait à nous, écail-
leux et blanchâtre, nageant dans une sauce
jaune et enguirlandé de pommes de terre.
L'atmosphère de la salle s'imprégnait de
plus en plus d'une forte odeur de salaison,
et je ne pouvais réprimer une grimace de
répugnance.

— De la morue! s'écria Armand, c'est
infect!... Victoire, allez me chercher des
sardines, du thon mariné, tout ce que vous
voudrez, plutôt que cette nauséabonde
nourriture !

— Allons, Victoire, dit indulgemment
mon grand-père, donnez-lui la boîte de sardines... Quant à toi, Noémi, tu n'es pas
petite-maîtresse et tu mangeras bien de la
morue?

— Merci, bon-papa, protestai-je énergiquement ; je suis justement partie de chez
moi pour n'en point manger... Je ne peux
pas là sentir.

Le grand père nous regardait tous deux avec des yeux courroucés; la moutarde commençait à lui monter au nez.

— Mais alors, s'exclama-t-il rageusement, qui donc mangera de ce poisson?

— Toi, bon-papa, si le cœur t'en dit.

— Moi?... Je déteste la morue, avoua-t-il un peu déconcerté, et c'est pour cela que je me suis fait faire une petite sole.

— Il eût mieux valu en commander une grande, insinua Armand en raclant ses sardines.

— Sacristi! poursuivit l'irascible vieillard en posant violemment sa fourchette sur la nappe, je n'ai jamais vu des jeunes gens aussi difficiles!... Qu'on enlève ce plat... Victoire, emportez-le à la cuisine, et régalez-vous-en!

— Mòssieu, déclara la volumineuse cuisinière, en posant solennellement sa main rouge sur son opulente poitrine, je ne suis pas dégoûtée, j'aime tout : le poisson d'eau douce comme la marée... Tout, mòssieu, excepté la morue... Mon estomac ne la supporte pas.

— Mille tonnerres! jura le grand-père Le Faucheux, au comble de l'exaspération, il fallait me prévenir alors... C'est insupportable... Prenez cette morue et donnez-la au portier!

Victoire s'était empressée d'obéir et avait disparu avec le malencontreux poisson. Un silence gênant régnait dans la salle à manger. Mon grand'père épluchait sa sole d'un air affairé; Armand dévorait ses sardines, et moi je grignotais maussadement mon pain sec, quand, au bout de cinq minutes, Victoire rouvrit la porte et s'avança, toujours armée de son plat de morue.

— Eh bien! grogna mon grand-père.

— Eh bien! môssieu, le concierge venait déjà de manger de la morue, et il m'a dit qu'il n'avait pas envie de recommencer.

— Allez-vous-en à tous les diables!

Nous nous mîmes à éclater de rire, mais nous fûmes obligés de nous rabattre sur les épinards et les pruneaux cuits, et nous nous levâmes de table affamés. Naturellement, la partie de whist ne fut pas folâtre et, dès que nous eûmes fait un *rubber*, je m'empressai de m'esquiver, sous prétexte d'une migraine. Comme je descendais mélancoliquement l'escalier, je fus rejointe par Armand, qui avait suivi mon exemple.

— Cousine Noémi, insinua-t-il, après cette petite fête, vous devez mourir de faim... Si vous m'en croyez, vous accepterez mon bras et nous irons en nous promenant jusqu'à la rue Castiglione... Je connais là un pâtissier qui a toujours des tas de bonnes choses et nous nous dédommagerons un peu de ce dîner de carême.

Les affamés, dit-on, n'ont pas d'oreilles; je crois surtout qu'ils n'ont plus de circonspection, car j'écoutai étourdiment la proposition de mon cousin et nous partîmes bras dessus, bras dessous, pour la rue de Castiglione. Chemin faisant, comme j'aurais dû le prévoir, il se remit à fleureter avec moi. Était-ce l'effet de la faim qui me talonnait et m'affaiblissait, ou bien le printemps nouvellement éclos me montait-il à la tête?... Je ne sais, mais je prêtais une oreille plus indulgente aux déclarations d'Armand et quand nous arrivâmes chez le pâtissier, j'avais presque fini par les prendre au sérieux.

Nous nous attablâmes avec un appétit de loup. Il commanda de petits pâtés aux huîtres et du champagne. Nous dévorions ; je perdis si bien la tête, que j'oubliai la solennité du vendredi saint, et, honni soit qui mal y pense, je me bourrai de petits pains au foie gras...

J'en ai été sévèrement punie, car, à la suite de ce souper improvisé, Armand s'est mis à me faire une cour en règle, et j'ai eu la sottise de l'épouser. Vous savez s'il m'en a cuit! Mon beau cousin m'a rendue fort malheureuse, et nous avons fini par nous séparer. Voyez à quoi tiennent les choses! Rien de tout cela ne serait arrivé sans ce funéste dîner du vendredi saint, et j'ai gâté ma vie à cause d'un misérable plat de morue.

# VIOLETTES FANÉES

----

Le peintre Etienne Miller était arrivé tard
à la célébrité. Fils de paysans, poussé vers
Paris par un irrésistible désir, il était entré
à l'Ecole des beaux-arts avec une pension de
huit cents francs que lui servait le conseil
général de son département.

Bien qu'il fût doué d'un talent sincère,
robuste et original — peut-être même à
cause de tout cela — il n'était point parvenu à
à décrocher le prix de Rome et, n'ayant point
passé par la villa Médicis, il avait vécu en
dehors des coteries et des camaraderies qui
se forment là-bas.

Enfermé dans son atelier solitaire, il tra-
vaillait d'arrache-pied, donnait des leçons
de dessin pour gagner le pain quotidien,
exposait chaque année des tableaux, qui ne
tiraient pas l'œil et que les critiques du Salon
signalaient à peine. Il ne se décourageait
pas, néanmoins, ne sacrifiait ni à la con-
vention ni à la mode, et, avec sa ténacité
paysanne, continuait de peindre de son
mieux les sites et les gens familiers à son
enfance. Ses toiles avaient une couleur et un
accent très personnels, elles étaient impré-
gnées d'une forte saveur de terroir ; malheureusement, le goût du public n'était pas
tourné vers ce côté-là ; on reprochait à Miller de manquer de *modernité*, et les mar-
chands de tableaux ignoraient le chemin de
son atelier.

Il avait déjà doublé le cap de la quaran-
taine, quand il obtint enfin un gros succès
avec sa *Rentrée des avoines en septembre*.
Alors, brusquement, il profita d'une capri-
cieuse saute de vent. La vogue alla vers sa
peinture. Chaque Salon vit désormais croître

sa notoriété; on ne lui marchanda plus les médailles et tout lui arriva du même coup : les commandes productives et le ruban rouge. Il ne fut ni ébloui ni grisé par cette gloire tard venue, qu'il accueillit avec un placide contentement.

Il y a, en effet, des jouissances dont on ne goûte tout le suc et l'enivrement que lorsqu'elles vous sont données dans le plein de la jeunesse. A vingt-huit ans, on est heureux d'avoir un nom connu de tout Paris ou de nouer à sa boutonnière un ruban rouge, qui flatte la vanité et achève la conquête de la femme qu'on désire. Mais, à cinquante ans, la sève s'attiédit, les nerfs s'apaisent, les désirs s'assoupissent, et toutes ces satisfactions d'amour-propre ne touchent que médiocrement. Elles font l'effet d'un plat trop longtemps attendu, qui arrive sur la table lorsqu'on est déjà au dessert et que l'estomac n'a plus d'appétit.

Etienne Miller, trop absorbé par les prosaïques péripéties de la lutte pour l'existence, n'avait pas eu de jeunesse et, maintenant, le

15

succès ne lui causait qu'une joie toute plato-
nique, gâtée par le regret de n'avoir pu en
jouir à l'âge où son cœur sevré d'amour battait au passage d'une jolie femme, et où il
avait si bonne envie de mordre à la grappe
du plaisir défendu.

A cinquante-cinq ans, il était encore robuste et bien campé sur ses hanches ; mais
sa barbe blanchissait, ses cheveux s'éclaircissaient, ses yeux bleus finement observateurs
se voilaient d'une brume mélancolique et,
lorsqu'il souriait, c'était un ironique sourire
désabusé qui éclairait un moment son teint
brouillé et ses lèvres pâlies.

Pendant l'automne de 188... de trop assi-
dues stations dans les bois humides des
Ardennes, où il peignait en plein air, com-
promirent sérieusement sa santé, et une
bronchite aiguë se chargea de lui démontrer
qu'il avait passé le temps où l'on peut impu-
nément piocher des motifs de paysage
« parmi le thym et la rosée ». Son médecin
lui conseilla de prendre du repos et d'aller
soigner sa convalescence dans le Midi. De

sorte qu'un beau soir de janvier Miller, qui avait quitté Paris la veille, par un froid noir, débarqua à Nice avec les dernières rougeurs du soleil couchant.

Ses études et ses goûts l'ayant toujours attiré de préference vers les provinces de l'Est, Miller n'avait jamais vu le littoral de la Méditerranée ; aussi la première semaine de son séjour à Nice fut-elle un joyeux éblouissement. La cristalline limpidité de l'air parfumé par les eucalyptus, les chauds après-midi de soleil, la lumière argentée glissant comme une caresse sur les collines d'orangers et d'oliviers, la mer bleue venant mourir avec un bruissement soyeux sur les molles découpures de la côte, les brassées d'anémones et de roses jonchant les étalages des fleuristes ; toute cette féerie du Midi lui monta à la tête, lui mit au cœur et dans les poumons comme un renouveau de sève et de vitalité.

Il était depuis huit jours sur le littoral, quand, un matin, le courrier lui apporta une lettre, dont l'enveloppe timbrée d'une couronne comtale et dégageant une suave odeur féminine, l'intrigua.

Son nom ayant figuré sur les listes d'étrangers publiées par les journaux du cru, il ne pouvait s'étonner que son adresse fût connue ; pourtant, comme il désirait vivre ignoré à Nice, ce fut avec un mélange de curiosité et de mauvaise humeur qu'il rompit le cachet.

L'enveloppe contenait une invitation à une garden-party donnée à la villa Endymion par une grande dame de la colonie étrangère, et à cette carte d'invitation était joint le billet suivant :

« Si M. Etienne Miller désire renouer connaissance avec une ancienne amie, celle-ci sera très heureuse de le rencontrer à la villa Endymion. Elle juge inutile de lui donner d'autres éclaircissements, étant curieuse de savoir s'il la reconnaîtra après un long intervalle de vingt-cinq années.

» COMTESSE JULIE SOSPELLO. »

Etienne, surpris, fouillait vainement dans sa mémoire. Le nom de famille de cette comtesse ne lui apprenait rien ; le prénom, même, ne le mettait sur la trace d'aucun point de repère. — Julie? — Il avait connu plusieurs Julie à l'époque où il donnait des leçons. Il relut le billet.

La forme de l'écriture allongée et fine avait pourtant quelque chose de déjà vu, et il lui semblait avoir respiré quelque part le parfum à la fois léger et pénétrant qui émanait de l'enveloppe. Tout à coup, comme au toucher d'une magique baguette évocatrice, une case de son cerveau se rouvrit et il revit distinctement l'escalier de marbre d'une maison de la rue d'Aumale, où il allait donner des leçons d'aquarelle à la jeune femme d'un banquier. Il se revit lui-même, à vingt-huit ans, montant cet escalier recouvert d'un tapis de Smyrne à fleurs bleues et entrant dans le salon de travail tendu de drap gris, où l'attendait son élève. Elle avait vingt-cinq ans, elle était blonde, mince, avec des traits délicats, de vifs yeux noirs et un teint très blanc.

Alors, tout un ensemble de détails, long-

15.

temps à demi oubliés, se précisa dans son
esprit : les après-midi d'hiver où il venait
deux fois par semaine, dans ce salon ; la
lampe, de forme antique, posée sur un piédestal de bronze et éclairant, d'une clarté
tranquille, les jardinières pleines de violettes
et d'azalées ; le piano à queue dans un angle,
quelques études accrochées au mur, et, sur
la cheminée, un grand buste de marbre
blanc représentant une Judith. L'élégante et
séduisante jeune femme à laquelle il avait
donné des leçons, ressuscita très nettement
devant ses yeux. Elle s'appelait, en effet,
Julie, mais son mari ne se nommait pas
Sospello. La signataire du billet était-elle la
même personne que l'élève de la rue d'Aumale, et, en ce cas, quelle métamorphose
avait-elle subie en cet intervalle de vingt
cinq ans?

La curiosité de Miller était vivement exci-
tée et, au jour indiqué, il se fit conduire a la
villa, où avait lieu la garden-party.

La villa Endymion est située hors de la
ville, non loin de la mer, sur le versant

d'une de ces rondes collines formant les premiers gradins de l'adorable cirque de montagnes qui fait à Nice une ceinture de beauté. Dès qu'un laquais eut jeté, d'une voix sonore, le nom d'Etienne Miller à l'entrée du premier salon, et que le peintre eut répondu aux compliments de bienvenue de la maîtresse du logis, il se hâta, non sans une sourde émotion, de descendre dans les jardins où, déjà, se répandaient les invités.

Le temps était à souhait : un ciel d'un azur immaculé, un soleil de printemps baignant la blanche colonnade de la villa dans son encadrement de palmiers et de citronniers, et illuminant les terrasses à balcons de marbre d'où l'on voyait la baie des Anges s'étendre bleue et mouvante, avec des chatoiements de saphir, depuis la pointe d'Antibes jusqu'au cap Saint-Hospice.

Des jeux de crocket et de lawn-tennis s'organisaient sur les pelouses. Au milieu de buissons de rosiers en fleurs, un orchestre de mandolinistes jouait des airs napolitains. Tout autour, par groupes où par couples,

les invités se promenaient : les dames en claires toilettes d'avril, les hommes en par-dessus léger et en chapeau rond.

Miller remarqua que cette société cosmo-polite se divisait en deux catégories : les gens qui étaient franchement jeunes et ceux qui s'efforçaient de le paraître. Au milieu de cette nature qui ne connaît pas l'hiver, tout ce monde semblait tourmenté du besoin de ne point avoir l'air de vieillir. De vieux beaux, aux moustaches teintes, redressant péniblement leur dos vouté et dégageant d'un geste plein de fatuité le parement de leur jaquette à la boutonnière fleurie, flir-taient avec des dames mûres, aux yeux peints, aux cheveux trop blonds, aux lèvres trop rouges et aux toilettes trop printanières ; tandis qu'à côté, de jeunes Russes, superbe-ment épanouies, et de fringantes *misses* amé-ricaines, mêlées à des officiers en uniforme, bondissaient dans l'herbe, étalant en plein soleil l'orgueilleuse verdeur de leurs vingt ans.

Étienne Miller, préoccupé de son incon-

nue, la cherchait involontairement dans le
groupe des jeunes quand, brusquement, il
réfléchit que vingt-cinq ans s'étaient écoulés
depuis leur dernière rencontre et que, maintenant, elle devait appartenir à la catégorie
de celles qui luttent avec plus ou moins de
succès contre l'hiver survenant. Cette réflexion le refroidit et le rendit rêveur. Au
moment où il faisait ce triste retour sur lui-
même, il aperçut à une certaine distance
une dame dont l'élégante toilette et la démarche juvénile attirèrent son attention.

Sous la pelisse de peluche blanche, doublée de chèvre du Thibet, qui l'enveloppait
tout entière, elle paraissait mince, élancée
et très séduisante. Elle tournait curieusement la tête à droite et à gauche, comme si,
elle aussi, eût cherché quelqu'un. Arrivée à
vingt pas en avant, elle fit volte-face et,
sous la lumière assourdie, tamisée par
l'ombrelle blanche dont elle s'abritait,
Étienne Miller tressaillit en reconnaissant
les traits délicats et le pur ovale du visage
qu'il avait tant admiré jadis.

C'était bien l'ancienne élève de la rue
d'Aumale, et, dans cette toilette blanche,
sous le jour moelleux du parasol de dentelle, elle semblait aussi jolie qu'autrefois.
Pendant une brève minute, il eut l'illusion de
sa jeunesse ressuscitée, et son cœur battit,
comme lorsqu'il entrait dans le salon gris,
fleuri d'azalées. Il s'avança vers elle, salua
et se nomma. La dame en blanc sourit et,
lui tendant la main :

— Ainsi, dit-elle, vous m'avez reconnue ?

— Certainement, répliqua-t-il, et, en
même temps, il la regarda avec plus d'attention.

Ils se trouvaient justement au milieu d'une
allée inondée de soleil. Sous la lumière plus
crue, Étienne, alors, remarqua la taille amai-
grie de la dame, les rides du cou apparais-
sant dans les interstices des savants enroule-
ments du boa ; les plis des tempes et des
lèvres, les pommettes saillantes, les paupières
rougies se laissant voir de près à travers la
fleur de poudre d'un teint discrètement arrangé. La blancheur de cygne du costume et

la fraîcheur d'un bouquet de violettes russes,
passé dans la ceinture, accusaient encore
par le contraste cette cruelle flétrissure des
années, ce prompt évanouissement de la
beauté de jadis.

— Elle est tout de même plus changée que
je n'aurais cru ! songeait Étienne en son par-
dedans.

Il y eut entre entre eux un pénible moment de silence, pendant lequel la dame en
blanc se livrait peut-être aux mêmes réflexions, au sujet de Miller ; puis le peintre
offrit galamment le bras à son ancienne
élève et ils se promenèrent en tête-à-tête, au
bord des terrasses.

D'abord ils s'entretinrent de la fête et des
hasards qui les avaient ramenés en présence.
Elle lui expliqua comment elle avait changé
de nom : son premier mari était mort, elle
avait épousé un comte italien qui l'avait
rendue fort malheureuse et dont elle s'était
séparée. Elle était venue à Cannes pour sa
poitrine et se trouvait à Nice accidentelle-
ment.

— Mais vous ? ajouta-t-elle, parlons de
vous... J'ai suivi avec un vif intérêt tous vos
pas en avant, et je suis fière d'avoir été une
de vos élèves... Vous voilà un grand peintre
et vous avez joliment marché depuis le
temps de la rue d'Aumale !

— Oui, dit-il avec son sourire désabusé ;
mais le temps aussi a marché pour moi et je
donnerais volontiers beaucoup de mes succès
pour ravoir mes vingt-huit ans.

— Ah ! vous avez raison... Être jeune...
C'est si beau, la jeunesse !... soupira-t-elle
en jetant un regard d'envie sur le groupe
des Russes et des Américaines, qui jouaient
au tennis.

— En un pays comme celui-ci, reprit-il, il
faudrait être toujours jeune afin de ne point
détonner dans le paysage... Regardez
comme tout ça est admirable !...

D'un geste de peintre, il lui montrait les
rondes collines de Saint-Philippe, de Cara-
bacel et de Cimiès, avec leurs verdures
semées de maisons peintes, puis le cirque
des montagnes aux harmonieuses lignes

grecques, aux exquises couleurs lilas, et la
mer où, çà et là, des voiles blanches fuyaient
sur le bleu foncé de l'eau. Le soleil, déjà plus
bas, jetait sur ce paysage inoubliable la
magie de sa lumière éternellement jeune.
L'air était imprégné d'une senteur de
jacinthe et d'œillet et, au milieu de leurs
buissons de roses, les mandolinistes jouaient
*Santa-Lucia.* — Un enivrement alanguis-
sait peu à peu les deux promeneurs et un
frisson de renouveau les secoua.

— Cet air ne vous rappelle-t-il rien? demanda la comtesse, tandis que sur ses lèvres
errait un sourire qui semblait revenir de
très loin.

— Si fait, répliqua-t-il, il me rappelle
une des plus délicieuses heures de mon
jeune temps, un soir que vous m'aviez retenu
à dîner après ma leçon. Votre mari nous
avait quittés et nous étions restés seuls dans
votre salon plein de fleurs.

Vous vous étiez mise au piano et vous me
jouiez des mélodies populaires italiennes. A
un certain moment, votre peigne, mal assu-

16

jetti, tomba. Vos magnifiques cheveux
blonds se répandirent sur vos épaules, et je
vois encore le geste charmant avec lequel
votre main tordit et renoua ces beaux cheveux flottants... Vous n'en avez rien su,
mais j'étais follement amoureux de vous, et
j'ai été sur le point de vous le dire à genoux,
ce soir-là...

Un sourire enchanté glissa sur les lèvres
et brilla dans les yeux de Julie :

— Confidence pour confidence, repartit-
elle ; je m'étais fort bien aperçue que vous
m'aimiez ; les femmes devinent très vite ces
choses-là, et ce fameux soir, si vous aviez
été moins réservé, si vous aviez osé parler...
je sentais, moi aussi, une tendresse de cœur
qui m'entraînait doucement... Je puis bien
vous l'avouer aujourd'hui que notre jeunesse
est loin...

Une rougeur montait aux joues amaigries
de la comtesse et mettait sur son visage un
rajeunissement pareil à celui que certains
coups de soleil de l'arrière-saison jettent
sur les verdures automnales. Elle en était

comme transfigurée, et Étienne la regardait avec des yeux éblouis.

Pendant quelques minutes, le parfum de l'amour d'autrefois le grisa comme nous grise l'odeur amollie et pourtant capiteuse d'un bouquet de violettes fanées. En même temps, le regret troublant des choses qui auraient pu être, qui n'ont pas été et qui ne seront peut-être plus jamais, lui vint tristement aux lèvres.

— Ah! madame, murmura-t-il avec la gorge serrée, le cœur ne vieillit pas, la grâce est toujours jeune, et je sens bien, moi, que ma tendresse d'autrefois n'est pas morte !...

Pendant qu'il parlait, elle restait silencieuse, les yeux humides et perdus dans la direction de la mer bleue où les voiles blanches fuyaient toujours. Elle interrompit soudain le peintre en lui posant sur le bras sa frêle main dégantée :

— Non, mon ami, reprit-elle en secouant la tête, non... A nos âges on ne vit plus que de souvenirs. — Elle lui montra les jeunes

gens qui se renvoyaient les balles du tennis :
— C'est à ceux-là seuls, soupira-t-elle, qu'il
est permis de parler de l'amour et d'y croire...
Ne gâtons pas la joie de cet après-midi et,
maintenant que nous nous sommes dit tout
ce que nous avions à nous dire, reconduisez-
moi jusqu'à ma voiture... Il est temps que je
rentre...

Il lui offrit le bras de nouveau. Sans se
parler, ils traversèrent les salons, qui se dé-
peuplaient déjà, et, quand la voiture arriva
devant les marches du perron, Julie se retourna vers Miller. Elle le regarda longuement, affectueusement, tandis qu'une petite
toux crispait ses lèvres pâlies.

— Merci! dit-elle, merci d'être venu... Je
ne sais si nous nous reverrons...

Elle détacha les violettes de son corsage et
les tendit à Étienne :

— Tenez, ajouta-t-elle, gardez ce bouquet
en souvenir de moi...

Elle s'élança dans le landau dont un valet
de pied ferma la portière, s'enfonça à demi
dans l'ombre, et l'artiste immobile put dis-

tinguer encore la blanche figure qui lui envoyait, à travers la glace, un lent et pensif signe de tête ; puis la voiture descendit rapidement la rampe de la colline.

Tandis qu'Étienne écoutait le bruit des roues sur le gravier, le soleil avait disparu et le crépuscule embrunissait les collines. La nuit tombait très vite et éteignait brutalement la féerie du paysage.

Le vent froid, presque glacé, qui se lève à Nice aussitôt après le soleil couché, soufflait sur la route obscure et soufflait aussi sur les dernières illusions du peintre. Il redescendit mélancoliquement vers la ville, après avoir glissé dans sa poitrine le bouquet de violettes fanées, dont le parfum amer semblait le symbole de cet amour rétrospectif, que sa jeunesse avait ignoré et qui, un moment, avait lui sur sa maturité sans pouvoir la réchauffer.

16.

# LA MALADIÈRE

---

J'avais cinq ans lorsque j'entendis parler
de la Maladière. — Ma mère était morte
peu de temps après ma naissance, mon père
était juge à Alger et ma première éducation
avait été confiée à une grand'tante maternelle, une vieille fille qui habitait Lyon,
mais qui venait passer la belle saison aux
bords du lac d'Annecy, dans une campagne
située juste en face de cette Maladière. — De
notre logis des Balmettes, on voyait distinctement, à la pointe d'une étroite presqu'île,
le parc touffu de l'habitation voisine, et, au-
dessus des branches, la toiture élevée du

vieux château savoyard flanqué de deux tourelles en éteignoir. Les murs croulants de la
Maladière reposaient sur les roches à pic de
la rive ; des lierres aux brindilles pendantes
les drapaient ; dés arbres de haute futaie :
marronniers, platanes, érables, étendaient
bien loin par delà la muraille leurs ramures
noueuses et donnaient je ne sais quoi de
mystérieux à l'eau d'un bleu verdi.

Jamais aucune vivante rumeur ne sortait
de ce parc centenaire : pas un claironnement
de coq, pas un meuglement de vache, pas
une voix humaine. Jamais un filet de fumée
ne s'échappait des sveltes cheminées qui se
dressaient symétriquement aux angles de la
toiture. La maison semblait être celle de la
Belle au Bois-Dormant et le silence des
futaies n'était troublé que par le remue-
ménage des piverts qui de temps en temps
s'envolaient en poussant leurs cris aigus aux
notes redoublées. Un jour, escorté par ma
bonne, je m'aventurai jusqu'à l'entrée de la
Maladière. Entre deux piliers de granit, sur-
montés de vases de fonte débordant de

feuilles sèches, une large grille rouillée et cadenassée découpait ses ornements sur les vertes perspectives du parc. A travers les rinceaux de fer forgé, mes yeux écarquillés par la curiosité distinguèrent une fuyante avenue au-dessus de laquelle les branches se rejoignaient ; le sol disparaissait sous la mousse et les graminées ; à une certaine distance, une percée de soleil éclairait vivement l'eau d'un bassin, puis le verdoyant couloir se prolongeait jusqu'au château, dont on apercevait comme au fond d'une lorgnette le rez-de-chaussée aux fenêtres closes.

— Est-ce qu'on ne peut pas entrer ? demandai-je.

— Non.

— Pourquoi ?

— Parce que le maître du château le défend.

— Il n'y est pas, le maître, puisque les volets sont fermés... Tu vois bien qu'il n'y a personne.

— Si fait, il y a quelqu'un... Il y a un

ogre qui mange les petits garçons curieux.

— Ah !

Je m'en retournai troublé et de plus en plus intrigué. On venait précisément de me conter l'histoire du Petit Pouoet. J'éprouvais à la fois un sentiment de peur vague et de secrète satisfaction, à la pensée que j'avais dans mon voisinage un ogre en chair et en os. A l'heure du goûter, tandis que ma grand'-tante tricotait sous l'auvent de notre terrasse, je recommençai mes questions :

— Tante Sophie, est-ce vrai qu'il y a un ogre à la Maladière ?

— Qui t'a dit cela, petit? s'exclama tante Sophie en fixant sur moi ses grises et perçantes prunelles.

Au même moment je saisis au vol un clignement d'yeux de ma bonne dans la direction du regard de ma grand'tante. Un sourire courut sur les lèvres fermées de cette dernière, et, avec une gravité affectée : « Oui... oui... en effet, se hâta-t-elle de reprendre, il y a un ogre qui demeure à la Maladière. »

Les enfants ne sont pas aussi crédules qu'on le prétend, ou plutôt leur crédulité se mesure sur le degré de conviction qu'ils constatent chez les grandes personnes. Comme ils sont instinctivement observateurs, s'ils remarquent, soit dans notre intonation, soit sur notre visage, le moindre symptôme d'hésitation ou d'ironie, adieu la confiance, ils deviennent sceptiques et n'acceptent nos affirmations que sous bénéfice d'inventaire.

Le clignement d'yeux de ma bonne ne m'avait point échappé, non plus que le sourire et le faux air de gravité de ma tante. Tout cela me donna des doutes sur la réalité de l'histoire qu'on me débitait. Toutefois cette hypothèse d'un ogre à la Maladière plaisait trop à mon imagination pour que je ne fisse pas semblant d'y croire. Je pris donc mon hypocrite mine de bon apôtre et laissai mes deux interlocutrices dans l'illusion qu'elles m'avaient convaincu.

L'ogre servit de thème à la plupart de mes conversations. J'avais un singulier plaisir à questionner ma grand'tante sur cet hôte supposé de la Maladière.

— Tante Sophie, pourquoi n'ouvre-t-il jamais ses volets, l'ogre?

— Parce qu'il n'aime pas le soleil.

— Alors il ne se montre pas dans le jour ?

— Non, il ne sort qu'à la nuit.

— Ah !... Et la nuit, où va-t-il?

— Il va sur les routes chercher les enfants méchants... Lorsqu'il en trouve, il les emporte dans sa poche et les mange.

— Dans sa poche? Elle est donc bien grande?

— Comme un sac.

— Ah !... Et l'ogre, comment est-il grand?

— Plus haut qu'un clocher.

— Est-ce qu'il a aussi des bottes de sept lieues?

— Certainement. D'une enjambée il traverse le lac.

— Et si, un soir que je rentrerais très tard à la maison, je le rencontrais sur la route, qu'est-ce qui arriverait, dis?

— Si tu étais sage, il passerait son che-

min, mais si par hasard tu avais été désobéis-
sant, il t'emporterait sans miséricorde.

— Oui, mais si j'avais un fusil et si je le
tuais ?

— Tu ne le pourrais pas, sa peau est plus
dure qu'une pierre.

— Ah !... Est-ce qu'il a des habits, l'ogre ?

— Naturellement, il ne va pas tout nu...
Ça ne serait pas convenable.

— Mais la nuit, on ne le verrait pas ?

— Il aurait froid.

— Mais... mais puisqu'il a la peau plus
dure qu'une pierre, il ne le sentirait pas, le
froid.

— Tu m'ennuies !...

Cela m'amusait énormément de mettre
ainsi ma grand'tante à *quia*. Je me trouvais
néanmoins dans un état psychologique très
compliqué : j'avais à l'égard de l'ogre une
crainte inavouée, mélangée de doute et d'ir-
révérence. Ma raison le tenait pour un être
invraisemblable, mais mon imagination
aimait à rêver de lui et à créer de fantasti-
ques conjonctures, de dramatiques rencon-

tres où, à l'imitation du Petit Poucet, je
mystifiais de la belle façon ce naïf géant.
Dans mes promenades j'entraînais volontiers
ma bonne du côté de la Maladière ; je m'a-
vançais seul jusqu'à la grande grille rouillée
et, malgré moi, je frissonnais en songeant à
ce qui adviendrait si la porte tournait subite-
ment sur ses gonds ou si j'entendais un bruit
de pas dans l'avenue herbeuse... Mais la
grille demeurait immobile, le silence planait
sur la longue allée obscure, où jouaient seuls
de lointains rayons de soleil et où l'on n'entendait d'autre bruit que le sourd tam-tam des
sauterelles ou le craquement d'une branche
morte. Alors mon scepticisme reparaissait ;
je devenais brave et je chantonnais à mi-
voix : « Je me moque de l'ogre ! Je me
moque de l'ogre ! » — Puis, terrifié par
mon audace, saisi d'une panique, je me sau-
vais à toutes jambes et ne retrouvais mes airs
de matamore que lorsque nous étions à une
distance honnête de la Maladière.

A l'approche de l'arrière-saison, nous
quittâmes le lac pour prendre nos quartiers

d'hiver en ville. Pendant les deux étés qui
suivirent, ma grand'tante m'emmena avec
elle aux eaux et au bord de la mer ; nous
restâmes ainsi deux ans sans retourner en
Savoie. Mais la Maladière, avec ses futaies
endormies et ses volets fermés, continua de
hanter mon imagination. Je rêvais souvent
des toitures aiguës pointant au-dessus des
arbres et je m'éveillais en sursaut, croyant
entendre craquer les feuilles sèches sous le
pas lourd de l'ogre chaussé de ses bottes de
sept lieues. Lorsque, vers le milieu de la
troisième année, nous revînmes enfin prendre
possession des Balmettes, ma première occupation fut de courir sur la galerie d'où l'on
voyait la Maladière.

La physionomie mélancoliquement sauvage
du domaine n'avait point changé ; au contraire, le lierre pendait plus épais au long des
murailles lézardées ; la futaie était devenue
plus enchevêtrée encore. Le crépuscule, plus
vaporeux et plus enveloppant à mesure que
s'allongeait l'ombre des montagnes voisines,
ajoutait quelque chose d'étrangement attirant

à la tristesse de la maison abandonnée. La
nuit vint discrètement ; les premières étoiles
perlèrent dans le ciel et une grosse planète
qui brillait juste au-dessus du château mira sa
lueur blanche dans l'eau calme. — Je res-
tais accroché à la balustrade, ne distinguant
plus déjà que la silhouette des massifs d'arbres
et des toitures qui se détachait sur le ciel
avec des tons très foncés, comme s'ils eussent
été trempés dans de l'encre. — Tout à coup
je tressautai. En face de moi, à la fenêtre de
l'une des tourelles, parmi l'entrelacement
des hautes branches, une lumière venait de
s'allumer. Elle brillait dans le noir comme
une petite étoile rouge, et son scintillement
se prolongeait sur le lac en une traînée fan-
tastique et tremblotante. Cette fois, ce n'était
point une illusion... La Maladière était certainement habitée par un hôte mystérieux...

On m'appela pour le souper et je me préci-
pitai tout effaré dans la salle à manger, en
criant :

— Tante Sophie, il y a de la lumière dans
la maison de l'ogre !

Ma tante haussa les épaules et me lança un coup d'œil ironique : « Comment! toi, un grand garçon de huit ans, tu crois encore à l'ogre! »

Puis, se retournant vers Ursule, sa vieille femme de chambre, elle murmura d'un air intrigué :

— Est-ce que, vraiment, quelqu'un est revenu à la Maladière?

La servante prit une attitude réservée et répondit : « Je crois que oui, mademoiselle. »

Alors elles se rapprochèrent et chuchotèrent pendant quelques minutes. Je ne pouvais saisir le sujet de leur conversation, mais ce devait être quelque chose d'assez émouvant, car j'entendis la tante Sophie se récrier et soupirer, et quand elle revint s'asseoir à table, sa figure, ordinairement froide et solennelle, avait je ne sais quoi d'attendri.

J'étais de l'avis de ma tante et me trouvais trop grand garçon pour croire encore à l'ogre, mais je n'avais point perdu pour cela l'amour du merveilleux.

La Maladière m'apparaissait maintenant

17.

comme une sorte de maison hantée où
« quelqu'un revenait » ; elle n'en avait qu'un
plus impérieux attrait pour moi, et en m'allant coucher, j'eus soin de passer par la galerie afin de contempler encore une fois,
avec un frisson de peur et de plaisir, la petite lumière rouge qui étoilait la futaie.

Grâce à mes huit ans sonnés, je jouissais
maintenant du privilège de pouvoir sortir
des Balmettes sans l'escorte gênante d'une
bonne. J'en profitai, dès le lendemain matin,
pour rôder dans le voisinage de la Maladière.
J'allai revoir la grille, que je retrouvai dans
le même état. Des liserons s'entortillaient
aux ornements de fer forgé, des vipérines
bleues foisonnaient au pied de deux battants
solidement cadenassés, et il était évident que
la porte n'avait pas tourné sur ses gonds
depuis des années. L'idée me vint de faire
le tour de la propriété en suivant un sentier
de chèvre qui longeait la base du mur de
clôture. Tout alla bien d'abord, mais, au bout
de cent pas, je fus arrêté par un éboulis qui
obstruait le passage. À cet endroit, une

brèche s'ouvrait sous les fourrés du parc.
Cette ouverture inattendue offrait à ma curiosité surexcitée une tentation à laquelle il
m'était difficile de résister. J'avais là une
occasion inespérée de pénétrer le mystère de
la maison hantée, et, bien que mon désir fût
combattu par une vague appréhension, je
grimpai péniblement de pierre en pierre,
l'oreille tendue au moindre bruit, fouillant
du regard l'épaisseur des massifs. Personne
ne pouvait me voir. Je sautai bravement dans
l'intérieur du parc, et je pris la première
allée qui se trouvait devant moi.

Elle était fort obscure et fréquemment
barrée par l'enchevêtrement des ronces et
des branches. J'écartais avec précaution les
brindilles aux extrémités desquelles des araignées avaient tendu leur toile. Si je ne croyais
plus à l'existence d'un ogre, je ne laissais pas
toutefois de me demander anxieusement
quels singuliers hôtes je risquais de rencontrer à la Maladière. Cela me donnait des battements de cœur, accompagnés de cette sensation de froid à l'épiderme qu'on nomme

vulgairement « la petite mort ». A un brusque tournant, l'allée déboucha sur une vaste pelouse, à l'herbe haute et fleurie. A l'autre bout de cette pelouse, dans l'encadrement des groupes de tilleuls, la Maladière m'apparut toute baignée de soleil. Les volets étaient hermétiquement clos ; closes aussi, les trois portes-fenêtres à persiennes vertes, qui se trouvaient de plain-pied avec un large perron, où des touffes de pavots simples avaient poussé entre les assises des marches. Partout un solennel silence, un ensommeillement, que berçaient le frémissement des feuillées et le bruit frais d'un jet d'eau tombant goutte à goutte dans une vasque moussue. Ça et là, des massifs de rosiers, presque revenus à l'état sauvage, semaient des taches roses dans la pelouse, et des abeilles bourdonnaient à l'entour. Le silence était si profond, que je commençai à me demander si je n'avais pas eu la berlue, la veille, en croyant voir une lumière à l'une des fenêtres. La maison semblait décidément inhabitée. Enhardi par cette conviction, je contournai la pelouse et j'ar-

rivai à une dizaine de pas du perron. Je me
disposais à gravir les marches, quand le grin-
cement d'une targette me rejeta tout pan-
telant contre le tronc d'un gros tilleul.

Le battant de l'une des portes-fenêtres se
rabattit contre le mur et, dans l'espace enténébré de l'ouverture, parut une jeune femme
vêtue de noir. Son vêtement de deuil se noyait
presque dans l'ombre de l'embrasure; de
sorte qu'on ne distinguait que son visage très
blanc et ses abondants cheveux blonds, dorés par un rayon de soleil. Cette soudaine
apparition m'aburit complètement. — Quelle
pouvait être cette habitante de la Maladière?...
Un fantôme ou une fée?... Dans tous les cas,
elle me semblait fort belle, bien qu'elle eût
l'air d'une âme en peine. Soit qu'au sortir
de l'obscurité de la pièce elle fût éblouie par
la grande lumière, soit plutôt qu'elle fût
plongée dans ses réflexions, elle ne m'avait
pas remarqué. Ses yeux sombres se fixaient
sur les arbres du parc avec une expression
si triste, si triste!... Tout à coup, à un mouvement que je fis pour me dissimuler derrière

le tilleul, elle m'aperçut. Ses traits se con-
tractèrent. Elle me dévisageait avec une sorte
de stupeur, puis elle m'interpella : « Viens
ici, petit ! »

Malgré la caressante intonation de cette
voix très douce, je ne bougeais pas, paralysé
à la fois par la crainte et la honte. Alors elle
descendit lentement les marches et se dirigea
vers moi.

— Qui es-tu, mon enfant ? me demanda-t-
elle, d'où sors-tu ?

— Je suis Henri... des Balmettes, répon-
dis-je en baissant le nez.

— Tu demeures chez mademoiselle de Séthenay ?

— C'est ma tante.

— Ah ! — Sa figure devint plus triste encore. — Comment es-tu entré ici ? reprit-
elle.

— Par le trou qui est là-bas... dans le mur,
avouai-je avec une mine contrainte, je voulais
savoir...

— Quoi ? interrogea-t-elle avec un accent
inquiet.

— Je voulais savoir s'il n'y avait pas un revenant.

Elle tressaillit, puis, me voyant tout penaud et effrayé de mon méfait, elle me rassura en caressant mes cheveux que je portais très longs. Cela me redonna du courage, et, m'apprivoisant, je lui contai avec la loquacité expansive des enfants les récits qu'on m'avait faits au sujet de l'ogre de la Maladière. — Je n'y crois plus! ajoutai-je d'un air crâne, mais hier j'ai aperçu de la lumière à une fenêtre et ce matin j'ai trouvé un trou dans le mur... Alors j'ai dégringolé sur les pierres et je suis entré pour voir... Vous ne le direz pas à ma tante!...

— Non... mais à ton tour tu ne diras à personne que tu m'as vue.

— Pourquoi?

Ma question parut l'embarrasser, son visage se rembrunit, et d'un ton agacé :

— Tu n'as pas besoin de le savoir, répliqua-t-elle; me promets-tu de te taire?...

— Oui... madame.

Et, comme cette promesse échangée me

semblait avoir établi entre nous une sorte
de complicité, je m'enhardis et devins plus
familier :

— Est-ce que c'est à vous, la Maladière?

Elle hésita un moment, puis répondit
avec une douloureuse crispation des lèvres :

— J'y ai demeuré autrefois.

— Et vous revenez y loger?

— Non, soupira-t-elle, la maison n'est plus
à moi...

Mes questions paraissaient lui être pénibles,
car elle changea la conversation, et m'inter-
rogeant à son tour :

— Quel âge as-tu?

— Huit ans.

Ses yeux eurent dans l'ombre un éclat
mouillé.

— Est-ce que tu es seul chez mademoiselle de Séthenay?

— Oui, mon papa est à Alger et ma maman
est morte...

Brusquement l'inconnue me saisit dans ses
bras et me couvrit de baisers. Son exaltation
m'effrayait et je voulus me reculer.

— N'aie point peur, chuchota-t-elle d'une voix presque suppliante, laisse-moi t'embrasser encore !... Tu ressembles à un petit garçon que j'aimais bien et qui, lui aussi, n'a plus de maman...

Je m'aperçus qu'elle pleurait à chaudes larmes et, comme j'avais bon cœur, de moi-même je lui rendis ses caresses. D'ailleurs, au fond, j'éprouvais un intime plaisir à être câliné et embrassé par cette belle dame, à sentir le frais parfum de ce jeune visage et le doux contact de ces jeunes lèvres, moi qui n'étais habitué qu'aux banales embrassades de ma bonne et aux solennels baisers de ma tante qui avait le menton rude et piquant.

Je ne me lassais pas des tendresses maternelles de l'inconnue et je m'étais remis à jaser comme un merle. Le temps ne nous semblait long ni à l'un ni à l'autre, quand tout à coup, au loin, l'église du village sonna onze heures. En l'entendant, la dame se leva précipitamment.

— On doit-être inquiet chez toi, murmura-t-elle, il faut partir !... Du reste, poursui-

18

vit-elle avec un accent qui me navra, il faut
que je m'en aille, moi aussi!... Mais je ne
veux pas que tu repasses par ce mur où tu
pourrais te casser une jambe... Viens, je vais
t'ouvrir la porte...

Elle me prit par la main et me guida à travers une enfilade de pièces obscures et qui
sentaient le renfermé. Une seule chambre,
aux volets entre-bâillés, était moins sombre.
J'y remarquai des meubles en désordre
comme au jour d'un déménagement; des pla-
cards ouverts, des tiroirs béants, de vieilles
lettres éparpillées comme en hâte sur un coin
de table, quelques-unes déchirées en menus
morceaux, d'autres déjà brûlées amoncelant
leurs débris noirs dans le foyer de la cheminée.

Nous traversâmes un couloir, une petite
cour aux pavés sertis d'herbe, puis ma con-
ductrice déverrouilla une porte qui donnait
sur une allée de marronniers aboutissant au
lac.

— Au bout de cette allée, me dit-elle, tu
verras les Balmettes.

Elle me souleva dans ses bras et m'embrassa encore une fois :

— Adieu, petit! Elle appuya un doigt sur ses lèvres et ajouta : — Souviens-toi de ne parler de rien à personne !...

— Je reviendrai demain ! m'écriai-je en voyant qu'elle recommençait à pleurer.

— Demain? répéta-t-elle tristement avec un hochement de tête et une voix assourdie par un sanglot.

Elle me fit signe de partir. A l'extrémité de l'allée, je me retournai et j'aperçus seulement un peu de sa robe noire dans l'entrebâillement de la porte qui se refermait...

Quand je rentrai aux Balmettes, le déjeuner était servi et je fus grondé, mais je me gardai bien d'expliquer la cause de mon retard. Je me faisais un point d'honneur de tenir ma promesse et, bien que j'eusse une forte démangeaison de parler, je ne soufflai mot de l'emploi de ma matinée.

Après le déjeuner, je me blottis dans la spacieuse bergère du salon, tandis que ma grand'tante causait avec Ursule, et je me

complus à ruminer les détails de mon aventure. Je ne bougeais pas· et l'on me croyait
endormi. Je fus soudain tiré de ma rêverie
par une question que ma tante adressait à
sa femme de chambre.

— Et tu crois, Ursule, que c'est elle qui est
revenue?

— Oui, mademoiselle, je l'ai su par la
femme du jardinier... Elle est arrivée hier
soir à la Maladière par le dernier bateau et
elle y a passé la nuit.

— La pauvre! soupira ma grand'tante,
elle a sans doute appris que son mari allait
vendre la propriété, et elle aura voulu revoir
sa maison encore une fois... C'est trop dur
aussi, et le petit ne croyait pas si bien dire
en appelant la Maladière « le château de
l'ogre... » Cet homme traite sa femme avec
un raffinement de cruauté qui tient de la
barbarie!

— Dame! On prétend qu'elle a eu bien des
torts.

— Des torts!... Que celui qui est sans
péché lui jette la pierre... D'ailleurs, elle les

a bien expiés, ses torts... On lui a pris ses
enfants, on l'a forcée à s'expatrier... C'est
trop, à la fin !

Il y eut un long silence. Ma grand'tante
s'était assise près de la table à ouvrage, et,
tandis qu'elle se remettait à son tricot, je
l'entendis répéter à mi-voix :

— La pauvre ! la pauvre !...

Ces quelques paroles, dont le sens n'était
pas très clair pour moi, m'avaient ému néanmoins. L'attendrissement de ma grand'tante
sur le sort de mon amie inconnue accroissait
mon intérêt. Dès le lendemain matin, je
m'échappai de la maison et je pénétrai de
nouveau dans le parc par la brèche du mur.
Le silence y était encore plus profond ; les
ramures, plus immobiles et plus ensommeil-
lées. Quand j'atteignis la pelouse, je consta-
tai que les trois portes-fenêtres étaient
closes. Je m'assis sur le banc que nous avions
occupé la veille et j'attendis avec anxiété,
espérant toujours voir un des battants s'entr'ouvrir et la blonde inconnue apparaître
sur le perron. Mais des heures se passèrent,

18.

rien ne bougea ; la maison était retombée dans sa solitude et son abandon. Je m'en revins tout contrarié aux Balmettes. Je fis encore deux ou trois visites infructueuses à la Maladière, puis j'y renonçai.

A l'automne, nous quittâmes les bords du lac. Mon père me reprit et me mit en pension à Alger. Deux ans après, ma grand'tante fut enlevée par une fluxion de poitrine et je ne retournai plus en Savoie. Je n'ai jamais, depuis, rien su de la Maladière ni de la visiteuse inconnue. Mais le parc et la pelouse de la maison abandonnée, la pâle figure de cette blonde jeune femme en deuil, sa mystérieuse et brève apparition sur le perron fleuri de pavots sauvages, sa voix tendre, ses larmes, ses baisers, sont restés au nombre de mes plus chères impressions d'enfant. Je me les remémore avec un enchantement mêlé de tristesse, comme on se souvient d'un lambeau de mélodie entendue une seule fois au passage, et dont l'air vous revient toujours avec le charme des choses inachevées.

# AU BORD D'UN LAC

Sous un ciel brouillé de bleu et de blanc,
le bateau de Côme, chargé de touristes,
filait sur l'eau verte qu'encadraient, à droite
et à gauche, des montagnes coiffées de
nuées. Çà et là, au revers des croupes
montueuses, se suspendaient, comme accro-
chés, des villages ramassés autour d'un
svelte campanile d'église et dont les maisons
jaunes, grises ou roses tranchaient sur la
verdure printanière. De temps en temps,
le bateau stoppait devant le ponton d'un bourg
et, tandis que les voyageurs descendaient ou
montaient, le regard se reposait agréable-

ment sur de petits ports bordés de maisons peintes, au pied desquelles des barques
dansaient au remous de l'eau.

Les touristes épars sur le pont appartenaient presque tous à la nationalité anglo-
saxonne ou à la race germanique. La France
n'était représentée que par deux jeunes gens
d'une trentaine d'années, deux amis répon-
dant aux noms d'Evonyme et de Lucien. —
Lucien était un aimable garçon brun, pétu-
lant, d'humeur fantasque et primesautière ;
il vivait de ses rentes, écornait même un peu
son capital, et faisait de la peinture en ama-
teur. Evonyme, blond, calme, rangé et mé-
thodique, ayant la mine grave d'un doctri-
naire, était magistrat dans une petite
ville de province. Il jouissait d'un congé de
quinze jours et l'avait mis à profit pour
visiter la haute Italie en compagnie de son
ami d'enfance. Après avoir vu Venise, Vé-
rone et Milan, ils avaient pris le bateau à
Côme, comptant coucher à Bellagio, puis le
lendemain gagner le lac Majeur par Menaggio, et rentrer en France par le mont Cenis,

car la quinzaine touchait à sa fin, et Evonyme,
très ponctuel, tenait à réintégrer son poste
au jour dit.

Les stations se succédaient, toujours plus
amusantes à l'œil, toujours plus attirantes
avec leurs noms mélodieux et chantants :
Torrigia, Argegno, la Tremezzina couchée
entre un îlot et un cap verdoyants; Cadenabbia, égrenant au long de la rive ses aris-
tocratiques villas et ses luxueux hôtels... De
Cadenabbia, les deux amis aperçurent Bellagio couché dans la verdure, à la pointe qui
sépare le bras de Côlico de celui de Lecco.
Dans la coulée argentée du lac, le bourg
présentait très pittoresquement ses maisons
étagées, les premières ayant presque le pied
dans l'eau ; les plus élevées s'adossant aux
feuillées touffues du promontoire qui se
détachait en vigueur sur les pentes plus
blondes et les crêtes neigeuses des montagnes de Lecco. Les deux voyageurs descendirent du bateau et gagnèrent lestement
l'hôtel qu'on leur avait indiqué.

Cet hôtel, flanqué d'une vaste terrasse

enguirlandée de glycine, était situé immédiatement au bord du lac. On y accédait par
une large tonnelle recouverte de rosiers en
fleurs, et cet aspect suffit seul pour gagner
le cœur des deux amis.

Les chambres qu'on leur avait réservées
donnaient de plain-pied sur la terrasse. On
voyait de là les verdures de Cadenabbia, la
fuite grise ou bleuâtre des rives opposées et
les glaciers de Colico.

Sur la nappe lisse du lac, des barquettes
aux tendines blanches ou des bateaux à
voile carrée glissaient lentement, et une pé-
nétrante odeur de fleurs printanières imprégnait l'air tiède.

Comme l'heure de la table d'hôte était
passée, on fit dîner à part les survenants
dans une longue salle à manger, vitrée de
trois côtés et garnie sur le quatrième de
hautes glaces reflétant le lac et les montagnes,
de sorte qu'on avait l'air d'y prendre son
repas en pleine eau. L'enthousiasme de Lucien croissait à tout instant; Evonyme, qui
redoutait les emballements de son ami, res-

tait plus froid et se tenait sur la réserve.
Néanmoins, une bouteille de *nebiolo* rouge,
à saveur de muscat, qu'on leur servit au dessert, les mit tout à fait en gaieté.

Quand ils se levèrent de table, le soir
était venu. Ils se promenèrent dans l'unique
rue à arcades qui longe le quai. A gauche, des
arches largement cintrées laissaient voir le
lac encore clair; à droite, des magasins de
filigranes, ou d'étoffes orientales et italiennes,
éclairés faiblement à l'intérieur, montraient
dans une demi-obscurité des fouillis de bibelots aux scintillements métalliques et de drape-
ries aux couleurs voyantes. Partant de cette rue
voûtée, des ruelles noires escaladaient la colline et, dans la nuit mystérieuse de ces cou-
loirs, des ombres de femmes et de jeunes filles
fuyaient avec le charme des choses à peine
entrevues.

Evonyme avait quitté son ami pour entrer
chez un marchand de tabac. Quand il revint
en maugréant contre la mauvaise qualité des
cigares italiens, il trouva Lucien qui sortait de
l'hôtel, l'œil enflammé et le geste exubérant.

— C'est exquis! s'écriait-il, c'est d'une couleur et d'une poésie étonnantes!... Tu sais, je viens de retenir notre appartement pour cinq jours... Il faut rester dans ce pays merveilleux le plus longtemps possible.

— Hein! protesta Evonyme, y penses-tu?... Mon congé est à la veille d'expirer et, si nous nous attardons ici, nous ne pourrons voir ni Lugano, ni le lac Majeur...

— A quoi bon? Mieux vaut tenir que courir, et ce coin-ci est adorable.

— Mais... nos fonds baissent et l'hôtel doit être cher.

— Bast! je télégraphierai qu'on nous envoie des subsides à Bellagio.

— C'est absurde! repartit Evonyme, qui était fort économe; je n'ai pas le moyen de jeter mon argent par les fenêtres, mon budget est limité et, d'ailleurs, je me reprocherais d'encourager tes folies.

— Comme tu voudras... Tu es libre de repartir demain; quant à moi, je reste.

Si Evonyme n'aimait pas à dépenser, il aimait encore moins à voyager seul. Devant cette volonté énergiquement exprimée, il ne répliqua pas, mais il manifesta sa mauvaise humeur en se retirant dans sa chambre pour y bouder à son aise.

Quand ils s'éveillèrent le lendemain, le temps avait changé. Il tombait une pluie fine et les montagnes semblaient tremper dans un bain de vapeur.

— Il est joli, le paysage! dit sarcastiquement Évonyme ; si tu m'en crois, nous prendrons le premier bateau.

— Pluie du matin n'arrête pas le pèlerin, riposta son ami ; le ciel s'éclaircira... Je reste.

Les sarcasmes d'Évonyme l'entêtaient encore dans sa résolution. Tous deux s'assirent machinalement, regardant la terrasse aux glycines mouillées, le lac fumeux, et attendant une éclaircie qui ne venait pas. A l'heure du déjeuner, ils descendirent dans la salle à manger, heureux de cet intermède qui allait couper la monotonie d'une journée pluvieuse.

Les bords charmants du lac de Côme sont malheureusement gâtés par une inva-

19

sion de *philistins* allemands, qui s'y abat-
tent comme des nuées de moustiques. La
table d'hôte de Bellagio n'avait pas échappé
à cet inconvénient. Elle était presque complètement accaparée par des familles d'origine germanique, père, mère, enfants,
fiancés et fiancées au verbe guttural, aux
façons vulgaires, aux toilettes criardes. Il y
avait là toute une collection de bourgeoises
et de bourgeois attablés comme chez eux,
parlant haut, portant leur couteau à leur
bouche, entrecoupant leurs phrases d'épais
rires tudesques. De loin en loin, un clergy-
man grave et anguleux tranchait par sa
correction silencieuse sur le cercle de ces
convives lourds et bruyants. A la droite
d'Évonyme, trois Anglaises mûres, trois *old
spinters*, dévoraient leur viande froide avec
des airs de Parques affamées.

— Aimable société! murmura Évonyme,
qui jouissait malignement des déconvenues
de son ami; les charmes de la table d'hôte
ne nous aideront pas à attendre la fin du
mauvais temps.

Comme il achevait, la porte de la salle
s'ouvrit, et deux dames vinrent prendre possession des deux chaises demeurées vacantes
auprès de Lucien. La plus jeune paraissait
avoir quinze ans au plus ; l'aînée en avait à
peu près le double. Elle était de taille
moyenne, bien faite, très brune avec un teint
mat, des sourcils épais, des yeux vifs et
caressants, une bouche un peu grande, un
menton massif et des cheveux noirs noués
très bas sur la nuque ; bref, un ensemble qui
paraissait déceler une origine espagnole. La
jeune fille ressemblait à sa compagne, mais
avec une expression boudeuse des lèvres et
quelque chose de plus farouche dans l'œil.

Etait-ce le contraste de ces deux figures
jeunes avec les types des autres convives ? Je
ne sais. Toujours est-il que Lucien se sentit
immédiatement ragaillardi. Du coin de l'œil,
il étudiait sa voisine et, avec son inflamma-
bilité incorrigible, il lui trouvait une tournure fort séduisante. Elle échangea en espagnol quelques mots avec la jeune fille, et
Lucien fut enchanté de la musique de sa

voix. Il comprenait l'espagnol et le parlait même au besoin. Les fragments de conversation qu'il saisit à la volée lui apprirent que les deux dames, arrivées de la veille, comptaient séjourner à Bellagio. Il n'en fallait pas davantage pour lui monter l'imagination et lui inspirer le désir de lier connaissance avec la dame aux yeux bruns.

Pendant le déjeuner, il lui rendit quelques-uns de ces menus services qu'autorise le voisinage à table, et qu'elle accepta avec un sourire. Toute sa personne avait quelque chose d'avenant et de bon, une spontanéité expansive, jointe à cette grâce voluptueuse qui est le privilège des femmes du Midi. Lucien subissait visiblement le charme qui émanait de l'Espagnole, et celle-ci avait rapidement deviné, sans doute, la séduction qu'elle exerçait, car il s'était vite établi d'elle à lui un silencieux courant sympathique. Elle se leva de table la première et salua les deux amis, en accompagnant son salut d'un regard souriant qui s'adressait spécialement à Lucien.

Au sortir de la salle, ce dernier se précipita sur le registre de l'hôtel et lut, à la
date de la veille : « Madame Ordoñez et mademoiselle Consuelo, Lima. »

— Je m'en doutais, s'écria-t-il devant
Evonyme. C'est une Américaine du Sud.

— Qui? demanda son compagnon inquiet.

— Ma jolie voisine.

— Jolie? Peuh !... Des sourcils char-
bonneux, une grande bouche et un menton
lourd... Avec cela, déjà mure, puisqu'elle a
une fille de seize ans.

— Elle est ravissante.

— Si tu veux... Ça m'est égal... Tu sais,
il pleut toujours... Partons-nous?

— Moins que jamais !

Evonyme, vexé, remonta dans sa chambre.
Lucien, uniquement occupé de son Américaine, resta au salon de lecture dans l'espoir
vain de l'y retrouver et déchiffra cinq ou six
journaux afin de tuer le temps.

A six heures on sonna le diner, et les deux
amis, en entrant dans la salle, virent leurs
voisines assises aux mêmes places. La jeune

femme avait soigné sa toilette et fleuri son
corsage d'une touffe de roses rouges. Lucien
la salua et saisit le premier prétexte pour lui
adresser la parole. Elle lui répondit avec enjouement. Ils échangèrent leurs impressions
sur la beauté du lac, les excursions à faire,
les villas à visiter et, doucement, tout en res-
tant très correcte, la conversation, du côté
de Lucien, prit un tour plus galant et s'a-
chemina vers un commencement de *flirta-
tion* dont la dame ne sembla pas se forma-
liser. Evonyme, qui ne comprenait pas un
mot d'espagnol, avait des airs pincés et
mangeait rageusement.

Tout à coup ses yeux tombèrent sur la
jeune fille et il fut surpris de l'expression
farouchement jalouse avec laquelle mademoiselle Consuelo observait les attentions de
Lucien ainsi que les réponses enjouées de
madame Ordoñez.

— Cette enfant est choquée des coquette-
ries de sa mère et elle a raison!... se dit
l'austère Evonyme, qui se sentit redevenir
magistrat.

Pour se venger de l'isolement dans lequel
on le laissait, il prit du coup le parti de la
jeune fille et s'indigna hypocritement de la
voir sacrifiée par celle qu'il supposait être
sa mère.

— Ta Péruvienne, insinua-t-il à Lucien,
est une insigne coquette et, quand on a une
grande fille de seize ans, on est impardon-
nable de fleureter aussi ouvertement avec le
premier venu !

— D'abord je ne suis pas le premier venu,
répliqua sèchement Lucien, et puis rien ne
prouve que ce soit sa fille... Tout ce que je
sais, c'est que cette dame est veuve, qu'elle
est charmante, et cela me suffit !

Il planta là Evonyme et s'en alla fumer
sur la terrasse. La pluie avait cessé, le ciel
s'était éclairci. Lucien savait que les Américaines occupaient l'appartement voisin, et il
espérait qu'elles viendraient jouir de la vue
du lac. Il ne s'était pas trompé. L'une des
portes-fenêtres s'ouvrit, et madame Ordoñez,
la tête coiffée d'une mantille, vint s'ap-
puyer à la balustrade. Immédiatement il jeta

son cigare et s'approcha de la jeune femme, qui l'accueillit par un aimable : *Buenas tardes, senor*.

Puis, comme elle craignait sans doute que cette rencontre ne prît les apparences d'un rendez-vous, elle se tourna vers la direction des fenêtres éclairées de son appartement, et appela :

— Consuelo, *querida*, ne veux-tu pas venir avec moi?

La jeune fille montra sa tête à l'embrasure de la porte, aperçut Lucien, fit une moue dépitée et, se rejetant brusquement à l'intérieur :

— Non ! Pepita, répondit-elle avec humeur, je vais dormir...

De sorte qu'ils restèrent seuls sur la terrasse.

La nuit était tout à fait venue. Les lumières de Cadenabbia et de Menaggio donnaient un air de fête à la rive opposée. Entre les nuages floconneux, la lune se montrait par intervalles, et alors de légères hachures d'or fin zébraient l'eau noire. Dans le grand silence nocturne, on entendait très distinctement les rossignols de la villa Serbelloni. Pendant que Lucien et Pepita Ordoñez, tout entiers au spectacle de cette vaporeuse nuit de printemps sur le lac, échangeaient à peine quelques courtes phrases, une barque décorée de lanternes vénitiennes se détacha du port et prit le large en balançant lentement sa blanche illumination.

On distinguait vaguement sur les coussins une forme de femme. Quand la barque fut au milieu du lac, soudain, la passagère invisible se mit à chanter des airs italiens.

Cette voix s'envolant dans l'obscurité, cette musique langoureuse dont la sonorité était doublée par le voisinage de l'eau, évoquaient pour Lucien tout un monde de romanesques enchantements. — Autrefois, la lecture de certains livres de George Sand lui avait donné des impressions pareilles à celles de ce soir; il avait toujours pensé que les inventions du romancier appartenaient au domaine de l'imagination pure, et il se trouvait que, aujourd'hui, elles devenaient la réalité même. Quant à madame Ordoñez, elle n'analysait pas ses sensations et s'abandonnait tout bonnement au charme de l'heure et du lieu. Sa poitrine se soulevait doucement, ses yeux souriaient, et ses narines se dilataient pour mieux aspirer l'odeur. suave des glycines.

— Quelle belle nuit, dit-elle, et quel beau pays !

— Un pays vraiment fait pour l'amour, ajouta Lucien en plongeant plus hardiment ses yeux dans les magnifiques yeux noirs de la Péruvienne.

Elle garda un moment de silence, puis soupira : « Oui. »

Et on sentait qu'elle était sincère. En cette nature toute en dehors et toute spontanée, les sensations avaient un immédiat besoin d'expansion. Le corps de cette fille de Lima vibrait comme un bel instrument à la musique de l'amour et cela lui semblait si naturel qu'elle n'en faisait pas mystère.

— Oh! madame, murmura câlinement

Lucien, passer de longues heures avec vous dans cet admirable pays, çe serait un délice... Connaissez-vous le parc de la villa Serbelloni ?... Ne voulez-vous pas que demain nous le visitions ensemble ?...

Elle sourit d'abord sans répondre. La voix de la chanteuse ne retentissait plus, la barque aux lanternes blanches avait regagné le port et un silence régnait sur le lac.

— Il faut que je rentre, dit Pepita Ordoñez... Oui, nous irons demain, après déjeuner, à la villa Serbelloni... Au revoir !

Elle se leva et, avec une poignée de main pleine de promesses, elle quitta le jeune homme absolument féru d'amour.

Le lendemain, par un clair soleil, Lucien qui désirait se réserver son après-midi, employa la matinée à promener Evonyme à travers les sentiers montueux du parc Serbelloni. Il ne souffla pas mot du rendez-vous espéré, mais il s'évertua machiavéliquement à fatiguer son ami, de façon à lui ôter l'envie de sortir après le déjeuner. Il avait compté sans la sournoise perspicacité d'Evonyme, auquel la subite réserve de **Lucien** semblait suspecte.

Il flairait là-dessous quelque mystère et craignait plus que tout au monde de voir son compagnon nouer avec l'Américaine une intimité qui prolongerait indéfiniment le séjour commun à Bellagio. Il feignait de ne se douter de rien ; mais, après le lunch, tandis que Lucien le croyait occupé à faire la sieste, il se glissa au fond d'une boutique voisine de l'hôtel et s'y tint aux aguets.

Il vit d'abord les deux Américaines monter dans un landau qui s'engagea sur la route de la villa Serbelloni, puis il aperçut Lucien qui escaladait l'une des ruelles grimpantes aboutissant au même point. Il le suivit de loin, arriva à la grille du parc, constata que la voiture parcourait déjà la route carrossable qui s'élève par des rampes tournantes jusqu'au sommet, et devina que, vraisemblablement, son aventureux ami se dirigeait vers le même but par le sentier des piétons. Alors il entra chez le concierge, s'y renseigna et pénétra à son tour dans les jardins de la villa.

Comme il les avait parcourus le matin, il s'y orienta rapidement. Néanmoins, il chemina pendant une bonne demi-heure sans voir personne. A la fin, arrivé près d'une terrasse qui domine Bellagio, il aperçut le landau vide et à quelques pas plus loin, mademoiselle Consuelo qui se promenait seule, d'un pas agité, les sourcils froncés, ayant l'air furibond de quelqu'un qu'on a planté là.

— Elle reconnut Évonyme et l'associa sans doute dans sa tête avec les incidents qui avaient amené la disparition de madame Ordonez, car elle lui jeta un regard farouche :

— *Mia hermana ?* lui demanda-t-elle brusquement.

— Évonyme, sans trop comprendre, répondit à tout hasard :

— Vous cherchez madame Ordoñez?

— *Si.*

Une méchante idée lui passa dans le cerveau :

— Ça n'est pas très propre, pensa-t-il : mais c'est le seul moyen de couper court à une aventure qui nous retiendrait infiniment

ici... D'ailleurs, il est de toute moralité de
rappeler cette coquette au sentiment de ses
devoirs en la remettant en présence de sa
fille. »

Alors, parlant très haut, comme les gens
qui s'imaginent se faire mieux comprendre
des étrangers en élevant la voix :

— Je crois, cria-t-il, qu'elle se promène
avec *mio amigo*... Venez!

Il offrit son bras à la jeune fille et commença une perquisition en règle à travers le
parc...

Pendant ce temps, Lucien et Pepita Ordoñez, assis sous un hêtre, au seuil d'une
grotte, d'où l'on apercevait entre les lauriers
les cimes neigeuses de Colico et la coulée
du lac, devisaient tendrement, enfoncés dans
ce délicieux et égoïste oubli de toutes choses
qui est le privilège des gens très épris. —
L'air était si doux, tout résonnant de musi-
ques d'oiseaux ; le lac bleu souriait si amicalement entre les feuillées vertes, parmi les
rouges floraisons de rhododendrons!... Lucien égrenait pour l'Américaine tout un rosaire

d'amour et, joignant le geste à la parole,
baisait longuement les petites mains de la
señora. Tout à coup, une voix irritée retentit
au tournant du sentier :

— Pepita !

— C'est ma sœur, murmura madame Ordoñez, en retirant ses mains et en rougissant
de dépit.

Elle se leva et courut vers Consuelo, qui
l'accueillit par de brèves paroles mordantes,
qu'elle scandait violemment en battant le sol
de son pied. Toutes deux avaient du sang du
Midi dans les veines, et modéraient peu leurs
emportements ; elles s'éloignèrent en échangeant en espagnol des propos qui n'avaient
rien de fraternel, et, pendant quelque temps,
le bruit de leurs voix courroucées parvint
encore aux oreilles des deux amis stupéfaits.

— Animal ! dit enfin Lucien à Evonyme,
qu'avais-tu besoin de venir me relancer ici ?

— Mon cher, balbutia ce dernier, d'un
air bon apôtre, reçois toutes mes excuses...
C'est un pur hasard... J'ai rencontré cette
jeune fille qui cherchait sa mère...

— D'abord, ce n'est pas sa mère, mais sa
sœur.

— N'importe!... J'ai cru être poli en l'ai-
dant dans ses recherches. Du diable si je
pensais...

Mais Lucien ne l'écoutait plus et redes-
cendait rapidement vers la grille de la villa.

Le soir, les deux Américaines ne parurent
pas à table ; elles restèrent claquemurées
dans leur chambre. Lucien se coucha de
fort mauvaise humeur. Au matin, comme il
achevait sa toilette, il entendit le halètement
du bateau qui quittait le ponton et filait dans
la direction de Menaggio.

Distraitement, il s'avança sur la terrasse
et regarda le vapeur qui longeait la façade
de l'hôtel. — Il y avait peu de passagers sur
le pont ; seules, deux voyageuses se tenaient
debout sur la passerelle et, avec un serre-
ment de cœur, Lucien reconnut mademoiselle Consuelo et madame Ordoñez. — En
l'apercevant, cette dernière inclina par deux
fois sa tête brune, coiffée de la mantille, et
lui envoya un long salut d'adieu...

Lucien courut chez Evonyme :

— Boucle ta valise, cria-t-il, furieux, nous partirons pour Menaggio par le premier bateau !

Ils quittèrent, en effet, l'hôtel par le vapeur de midi, mais ni à Menaggio ni à Lugano ils ne retrouvèrent la trace des deux sœurs, et Lucien ne revit plus Pepita Ordoñez...

— Bast! dit hypocritement Evonyme, enchanté de ce dénouement qui était son œuvre, console-toi; tu as eu, en somme, ce qu'il y a de meilleur en amour : le prélude.

# UN MIRACLE

___

## I

On prétend que la rose de Jéricho, plongée
dans l'eau bouillante, reprend sa forme et sa
couleur primitives. Certains phénomènes
extérieurs ont sur notre mémoire la même
action revivifiante. Nos souvenirs sont
comme les roses de Jéricho : un parfum, un
vieil air, un bruit insignifiant ressuscitent
tout à coup pour nous les heures du passé
dans toute leur fraîcheur d'autrefois.

Ainsi, ce matin, le bois vert qui se tord

sur la braise, avec des jets de flamme bleue
et un rapide sifflement, me reporte au temps
de mon enfance et me rappelle les matins de
ma dixième année, dans la chambre de ma
grand'tante.

Je revois la chambre, située en contre-
bas de la cuisine, haute de plafond, lambris-
sée de noyer verni et décorée dans le goût
du XVIII° siècle, avec des panneaux représentant des scènes de chasse et des bergeries ;
le lit de bois peint, dans l'angle ; sur la
console, un groupe de faience de Lunéville,
figurant les quatre éléments ; dans l'un des
tiroirs ouverts du chiffonnier, une tapisserie
au petit point et un volume des tragédies de
Voltaire ; à l'abri d'un paravent à person
nages, la cheminée à trumeau, où brûlait un
feu de souches et de brindilles de poirier,
débris de la taille des arbres du jardin.

Et au coin du feu, je revois la grand'tante,
alerte encore en dépit de ses soixante-dix
ans, droite et proprette dans sa robe d'alé-
pine brune, avec un fichu d'indienne, croisé
sur sa poitrine, et un bonnet lorrain à tuyaux,

encadrant sa longue figure un peu virile.
Son tour de cheveux bruns, ses yeux bleus
renfoncés, son nez aquilin et son menton de
galoche lui donnaient au repos une expression sévère et imposante ; mais quand sa
grande bouche spirituelle souriait, tout le
visage s'illuminait et on se retrouvait à l'aise.

Sa jeunesse s'était épanouie à la fin du
siècle dernier ; elle avait conservé les façons
de vivre et de penser, les engouements et
les habitudes de ce temps-là. Voltaire, Dide-
rot et Jean-Jacques étaient ses auteurs de
prédilection ; elle récitait des tirades entières de *Zaïre* et de *Tancrède;* elle fre-
donnait des airs de Grétry ou bien la *Belle
Bourbonnaise* en préparant ses confitures.
Incrédule en matière religieuse, ayant son
franc parler sur toutes choses, irascible et
emportée dans la discussion, grande liseuse,
romanesque et *sensible* dans l'acception
qu'avait ce mot vers 1790, elle passait pour
une indépendante et un esprit fort.

Quant à moi, je la tenais en grande véné-
ration, parce qu'elle me contait de belles

histoires du temps jadis ; elle avait, comme dit Molière, « des clartés de tout ; » la multiplicité de ses connaissances, sa perspicacité, son intuition rapide m'inspiraient une admiration mêlée d'une certaine dose de crainte.

En été, quand elle me permettait d'aller dans son jardin, elle ne manquait pas de me recommander, en grossissant sa voix :

— Surtout, ne touche pas aux framboises, je les ai comptées !

Au bout de cinq minutes de promenade au long des framboisiers, dont les fruits grenus, d'un rouge transparent, pendaient par centaines aux ramures touffues, je ne résistais pas à la tentation, et pour m'encourager, je me répétais en lorgnant les framboises :

— Bah ! c'est impossible que la tante Thérèse ait pu les compter toutes...

J'en escroquais quatre ou cinq, puis, après avoir bien gambadé, je m'en revenais d'un air innocent vers la chambre de la grand'-tante, sans me douter que le parfum des fruits défendus était traîtreusement resté sur mes lèvres.

— N'as-tu touché à rien ! s'écriait-elle en
m'apercevant :

Et comme je jurais mes grands dieux que
non, elle ajoutait :

— Approche... Souffle !

Je m'exécutais. Alors elle levait le doigt,
et roulant de gros yeux :

— Tu as mangé des framboises, je le sais !

Et je me voyais honteusement forcé de
confesser mon larcin ; aussi n'étais-je pas
éloigné de la croire un peu sorcière.

Oh ! ce jardin de l'ancien temps, plein de
fleurs autrefois à la mode, aujourd'hui
dédaignées... Quand j'en rencontre quelques-unes dans les recoins d'un parterre mo-
derne, j'éprouve la même impression que
lorsque j'entends fredonner des airs du *Dé-
serteur* ou de *Lodoïska*.

Il y avait des bordures d'oreilles-d'ours,
des plates-bandes où les roses trémières
s'élançaient orgueilleusement vers le ciel, où
les œillets d'Inde alternaient avec les mi-
gnotises et les croix-de-Jérusalem ; il y
avait un appentis tout tapissé d'aristoloches

et trois pruniers de reines-Claude dont les
vieilles branches crevassées distillaient des
gommes d'or translucides. Et de l'autre côté
d'un petit mur bas, au parement duquel
dormaient de brunes chrysalides, s'étendait,
parallèlement au nôtre, le jardin des demoiselles Pêche, les couturières, dont l'atelier
était le mieux achalandé de la ville.

Tout en baguenaudant le long des framboisiers, j'entendais le babil des apprenties,
le craquement des étoffes déchirées, et aussi
parfois la voix aigrelette de mademoiselle Célénie Pêche, qui entonnait un can-
tique, car, par un singulier contraste, les
voisines de ma voltairienne grand'tante
étaient de pieuses filles qui consacraient à
l'église tout le temps que leur laissait le
métier de couturières en robes.

Mademoiselle Hortense Pêche, l'aînée,
grande, solide, charpentée comme un
homme, avec un nez camard, de gros sourcils, une large bouche et un soupçon de
barbe au menton, était la doyenne de la congrégation du Rosaire ; sa sœur, mademoi-

selle Célénie, maigre, vêtue de noir comme
une religieuse, ayant toujours à la ceinture
un chapelet dont les médailles cliquetaient
au moindre mouvement, raccommodait les
devants d'autel et les surplis du curé.

Les murs de l'atelier étaient ornés d'images
d'Epinal, naïvement coloriées en rouge et en
bleu : les *Douze stations*, le *Juif Errant* et
le *Bon Pasteur* portant un agneau sur ses
épaules. Quelle différence avec la chambre
de ma grand'tante, où les gravures pendues
entre les panneaux représentaient l'*Amour
et Psyché*, l'*Amour désarmé* et le *Coucher
de la mariée !* Néanmoins, malgré la mine
austère de mademoiselle Célénie, les moustaches de mademoiselle Hortense et l'atmosphère dévote du logis, l'atelier ne me dé-
plaisait point, et les jours de pluie je me
glissais dans la maison des demoiselles
Pêche, qu'une cour commune mettait en
communication directe avec l'habitation de
ma tante. Les vieilles filles m'ennuyaient
bien un peu en me questionnant sur le caté-
chisme, mais elles me bourraient de frian-

dises, et je ne détestais pas d'entendre les
cantiques entonnés avec onction par Célénie
et repris en chœur, à toute volée, par les
voix fraîches des ouvrières.

J'avais trouvé encore un autre lieu de
refuge pour les dimanches pluvieux : c'était
un cabinet attenant au grenier et servant à
la fois de fruitier et de débarras. Ma grand'-
tante y rangeait ses confitures et y faisait
*parer* les fruits de son verger. En automne,
ce réduit exhalait une savoureuse odeur de
poire et de pomme. Les chasselas dorés
étaient étalés sur des *volettes* d'osier ; les
rousselets, les crassanes et les beurrés
d'hiver y attendaient dans l'ombre l'heure
de la complète maturité. Dans ce cabinet,
tapissé d'un papier bleu en lambeaux, il y
avait un fauteuil aux bras cassés, un car-
quois plein de flèches, rapporté par un vieux
cousin qui avait été aux Indes, et une grosse
caisse pleine de livres. L'accès de ce sanctuaire m'était rigoureusement interdit ;
mais je me moquais de la défense, et,
pendant les interminables parties *d'impé-*

*riale* qui absorbaient l'attention de ma
tante, je m'y glissais en tapinois, irrésisti-
blement poussé par l'attrait de tous ces fruits
défendus ; les poires du dressoir et les vieux
livres de la caisse.

Il y avait de tout parmi ces bouquins de
basane à tranche rouge, le bon et le mauvais, le médiocre et le pire : l'*Histoire phi-
losophique des Indes* et la *Guerre des Dieux*,
le *Contrat social* et les *Liaisons dangereuses*.

Mon bon génie permit que mon choix
tombât sur l'ouvrage le plus inoffensif, *Don
Quichotte*, traduit par Florian, en six petits
volumes ornés d'estampes amusantes qui
attirèrent tout d'abord mon attention. Mon
cœur bat encore au souvenir des délicieux
après-midi de congé passés en compagnie de
l'*Ingénieux hidalgo*. Dès les premières pages
j'avais été empoigné. Sitôt que j'avais une
heure de liberté, je grimpais au grenier et je
m'installais dans le fauteuil délabré, près de
la lucarne qui ouvrait sur le jardin. Don
Quichotte me passionnait. La cruelle ironie

de Michel Cervantes m'échappait absolument ; le côté chevaleresque seul m'intéressait. J'avais pris au sérieux mon héros de la Triste Figure et je m'indignais des coups de bâton qui pleuvaient dru comme grêle sur sa maigre échine. Sancho ne me plaisait qu'à demi, je le trouvais prosaïque ; mais mon cher chevalier, comme je m'identifiais avec lui, comme je me mettais de moitié dans ses enthousiasmes et comme je souffrais de ses déboires ! Je ne rêvais plus qu'aventures et coups de lance. L'incomparable Dulcinée m'apparaissait aussi belle et imposante qu'elle était sortie du cerveau fêlé du pauvre hidalgo. Je chevauchais avec lui dans les plaines ensoleillées de la Manche, à travers les gorges sauvages de la sierra Morena. Pendant ce temps les cloches de vêpres sonnaient lentement, et le grand cytise qui montait jusqu'au toit frôlait doucement les vitres de la lucarne avec ses longues grappes jaunes !...

Je savais par cœur des pages entières de mon *Don Quichotte*, et je n'avais plus qu'un

désir en tête, trouver une Dulcinée à laquelle
je consacrerais mon amour et toutes les ac-
tions d'éclat que je ne pourrais manquer de
faire par la suite.

Je n'eus pas à chercher bien loin. Dans
l'atelier Pêche, tout bourdonnant de refrains
de cantiques, je vis un jour entrer avec sa
mère une petite fille du quartier qui avait à
peu près mon âge et qui s'appelait Francine.
Elle était mignonne, un peu maigre et pâle,
avec un front bombé et des lèvres très
rouges. Son teint mat, ses yeux noirs et de
longues tresses brunes qui lui tombaient
dans le dos lui donnaient un air espagnol. Je
ne l'eus pas plus tôt aperçue que mon choix
fut fixé, et, sans qu'elle s'en doutât, elle
devint la dame de mes pensées.

Nous étions de la même paroisse, et j'eus
bientôt découvert le banc où elle se plaçait
à la grand'messe. J'étais l'un des premiers
arrivés, et quand à la fin de l'*Introït* je la
voyais passer de loin, enveloppée dans sa
mante bleue, mon cœur battait à grands
coups et il me semblait que les dévotes

agenouillées autour de moi lisaient mon émotion sur mon visage. Quels bons moments que ces stations à l'église ! Le curé entonnait le *Gloria*, les enfants de chœur en soutanelles rouges se rangeaient sur un banc à gauche du maître-autel, l'orgue alternait avec le plain-chant, et quand les fidèles se levaient à l'Évangile, je me dressais sur la pointe des pieds pour apercevoir, à travers les fines fumées bleuâtres de l'encens, le sommet de la tête brune de Francine.

Que ceux qui seraient disposés à rire de cet amour éclos dans un cœur de bambin veuillent bien se souvenir de leur enfance et songer que, lorsqu'on a dix ans, les moindres émotions prennent de l'importance en raison inverse de la petite taille de ceux qui les ressentent. A cet âge-là, un bois d'un arpent a l'air d'un domaine sans limites, une leçon mal sue et une veste déchirée sont des catastrophes, et un amour d'écolier a le sérieux, les transes et les joies d'une grande passion. Seulement, ces amours-là, se contentent de peu et, riches de leur propre fonds, se nourrissent pour ainsi dire d'eux-mêmes, comme ces plantes grasses qui poussent sur les roches et qui s'alimentent de la substance charnue de leurs feuilles.

Je voyais Francine une heure à peine tous les dimanches et je ne lui avais jamais parlé, mais je me trouvais heureux de l'adorer en secret et de l'associer à mes rêves, à mes châteaux en Espagne. Je prononçais cent fois par jour son nom tout bas, comme ces dévots qui ne peuvent bien prier qu'en remuant les lèvres ; mais il me montait aux joues un pied de rouge quand on la nommait devant moi, et j'avais une peur bleue que les demoiselles Pêche ne vinssent à lire mon secret dans mes yeux.

Je me rattrapais, une fois niché dans mon fruitier ; j'en avais fait mon sanctuaire et je l'avais consacré à mon idole. Perché sur le fauteuil aux pieds inégaux, j'avais gravé ses initiales dans un recoin sombre du mur, d'où elles ne rayonnaient que pour moi ; c'est là que j'ai rimé aussi mes premiers vers en son honneur. Je ne sais plus trop comment débu-

tait ce beau morceau, mais j'ai retenu la
dernière strophe :

O Francine, je t'aime
Et t'aimerai toujours,
Jusqu'à ce que la Parque blême
Tranche le fil de mes jours!

Cette *Parque blême* sentait furieusement
les lectures mythologiques du fruitier et les
ressouvenirs classiques dont était peuplé le
logis de la grand'tante ; mais je n'en étais
pas moins fier de ma strophe finale, et je me
la répétais du matin au soir, à satiété,
comme le loriot qui n'a que trois notes et
qui les redit tout le long du jour sans se
lasser.

On était alors à la fin du printemps ; après
le dîner, mon père et ma mère m'emme-
naient avec eux dans la campagne. Nous fai-
sions le tour de la promenade des *Saules*,
eux marchant en avant sous les platanes,
moi courant à droite et à gauche entre les
deux avenues parallèles. Il y avait là un bon
bout de prairie à l'herbe drue, un peu hu-
mide à cause de voisinage de la rivière et

coupé çà et là de chènevières, avec des trou:
pleins d'eau où les paysans font rouir leur
chanvre et qu'on nomme chez nous des *routoirs ;* mais cette humidité donnait aux prés
un charme de plus, à cause des fleurs, sauges, marguerites et mélilots, qui y foisonnaient plantureusement.

Un soir de juin, tandis que mon père et
ma mère s'enfonçaient sous l'avenue et que
je flânais au bord des talus, j'aperçus tout
d'un coup, à l'autre extrémité de la prairie,
un groupe de fillettes occupées à cueillir des
marguerites. J'avais de bons yeux ; je recon-
nus l'uniforme du pensionnat de Francine,
et parmi l'herbe verte, je distinguai ma Dulcinée à la mante bleue. La dame de mes
pensées était là, à cent pas de moi ; c'était le
cas ou jamais de me montrer à elle, la lance
au poing, comme un preux chevalier.

J'eus bientôt cueilli une poignée de sauges
et de coquelicots ; mon projet était d'accourir
bride abattue vers Francine, en levant ma
lance, c'est-à-dire la gaule de noisetier qui
ne me quittait plus ; je devais ensuite jeter

rapidement mes fleurs à ses pieds en faisant
faire une courbette à mon coursier imaginaire, puis m'enfuir mystérieusement au ga-
lop de ma monture, après avoir rendu cet
hommage à la reine de mon cœur.

Donc, rajustant sur ma tête ma toque polonaise que je métamorphosais par la pensée
en un casque empanaché, serrant ma botte
de fleurs et brandissant ma gaule de coudrier,
je m'élance à travers l'herbe épaisse. Tout en
chevauchant, je regardais amoureusement la
mante, tout là-bas, et je répétais ma fameuse
strophe :

> O Francine, je t'aime
> Et t'aimerai toujours.
> Jusqu'à ce que la Parque blême...

Plouf! le pied me manque, et je tombe
dans un *routoir* qui ouvrait traîtreusement à
fleur de terre son trou plein d'eau sous la
grande herbe.

## II

Ces *routoirs* sont des fosses carrées, profondes d'environ un mètre.

Sans même avoir eu le temps de pousser un cri, en moins d'une seconde, j'eus de l'eau par-dessus la tête. Je sentais crouler sous mes pieds les grosses pierres qui servent à submerger le chanvre ; l'eau m'entrait dans les narines et me faisait glouglou aux oreilles. Pourtant je ne perdis pas la tête, et je me rappelle très bien la série des réflexions qui traversèrent mon cerveau avec une rapidité électrique : — Je vais me noyer, mes parents ne m'ont pas entendu tomber, ils ne viendront pas à mon secours, c'est fini de moi ! Si seulement je pouvais mettre

ma tête hors de l'eau ! — Et poussé par
l'instinct de la conservation, me haussant
sur les pierres croulantes, tâtant les parois
d'une main convulsive, j'eus la bonne fortune de rencontrer une souche d'osier. Je
m'y cramponnai, et, ma tête émergeant de
l'eau parmi les grandes herbes, je criai de
toutes mes forces : « Maman ! »

Mon père et ma mère, inquiets de ma
brusque disparition, étaient déjà retournés
sur leurs pas. A mon cri, ils accoururent
vers le routoir. Il était temps, mes forces
s'épuisaient et j'allais lâcher les osiers. D'un
tour de main, mon père me repêcha et me
déposa sur l'herbe. Dans quel état, bon
Dieu ! J'étais vert comme une grenouille, mes
vêtements étaient vaseux, ma toque polonaise était restée au fond du routoir, et de
mes cheveux, de mon nez, de mes oreilles
pendaient de longs filaments verdâtres qui
exhalaient une insupportable odeur sulfu-
reuse de chanvre pourri.

— Malheureux enfant ! s'écriait ma mère
avec des sanglots dans la voix.

Mon père avait bonne envie de gronder, mais ce n'était pas le moment ; le plus pressé était de regagner la maison pour m'y faire sécher. Quant à moi, heureux d'être sorti de la fosse au chanvre, je pensais :

— Pourvu que Francine ne me voie pas dans ce triste état !

— Dépêchons ! murmura mon père en me prenant par la main.

Je ne demandais pas mieux que de quitter au plus vite cette maudite prairie qui, pour sûr, devait être *enchantée* ; mais le moyen de marcher rapidement avec des souliers pleins de vase, qui à chaque pas lançaient des jets d'eau par leurs ouvertures ! Mes vêtements me semblaient lourds comme du plomb, et sous ces hardes mouillées, qui me plaquaient au corps, je me sentais comme rétréci et recroquevillé. Avec cela j'étais transi, et mes dents claquaient.

— Il y a de quoi lui donner le coup de la mort, gémissait ma mère ; avant que nous soyons chez nous, il aura attrapé une fluxion de poitrine !

A mi-chemin, en face de la gendarmerie, il fallut s'arrêter ; je n'en pouvais plus. Mon père nous fit monter chez le brigadier et lui conta ma mésaventure. La *brigadière*, prise de compassion, jeta un fagot sur les chenêts, et, pendant qu'on me déshabillait, une belle flamme *clairante* eut bientôt réchauffé mon frêle corps grelottant.

Il n'y avait pas moyen de songer à me revêtir de mes habits ; la brigadière me prêta ceux d'un de ses bambins, et je me souviens encore de la sensation que me fit sur la peau la rude chemise à gros grains du petit gendarme. Les culottes de ce jeune brigadier étaient trop longues pour mes jambes, et sa veste me tombait aux jarrets. C'est dans ce costume peu chevaleresque que je rentrai au logis, où l'on me coucha, avec une belle semonce et une chaude tasse de tilleul odorant, que j'avalai à moitié endormi.

Dans une petite ville comme la nôtre, mon aventure défraya pendant plusieurs jours toutes les conversations. Les routoirs de la promenade furent proclamés un danger public, et le journal du cru somma la municipalité de faire combler toutes les fosses au chanvre. J'étais devenu un personnage, et je me trouvais très fier de ce nouveau rôle. Aussi, dès le surlendemain, bien que je fusse encore enroué à la suite de mon plongeon, je courus chez les demoiselles Pêche. Mon entrée fit sensation. Les apprenties,. tout émues, se levèrent pour m'embrasser, et mademoiselle Hortense frotta contre mes joues son menton barbu.

— Te voilà donc, mon *fi!* s'écria-t-elle, tu l'as échappé belle, pauvre petiot. Tiens, nous parlions de toi justement avec ces dames.

Je ne pûs répondre, la voix m'ayant manqué tout à coup en apercevant, derrière les apprenties, Francine avec sa mère. La Dulcinée aux tresses brunes dardait curieusement vers moi ses grands yeux noirs, dont le regard me fit refluer le sang au cœur.

— Il en est encore tout blême, remarqua mademoiselle Célénie se méprenant sur la cause de ma pâleur.

— Il y a de quoi, après un pareil bain.
Raconte-nous comment la chose est arrivée,
dit mademoiselle Hortense.

Je repris un peu d'aplomb, et tout fier de
l'attention de Francine, je contai comment
je m'étais laissé choir dans le trou couvert
d'herbe; seulement, je me gardai bien de
mentionner le motif qui m'avait poussé à
caracoler à travers les prés.

— Ah! s'écriait la bonne Hortense en joignant les mains, voyez-vous cela? Une minute de plus, et c'était fait de lui. C'est mer-
veille qu'il s'en soit tiré.

— La sainte Vierge l'a protégé, ajouta
gravement mademoiselle Célénie.

— Certes, le doigt de la Providence est là
comme en toutes choses. D'ailleurs, la
sainte Vierge protège ceux qui la prient,
et elle savait que Jacques est un enfant
pieux. Je suis sûre, petit, que lorsque tu t'es
vu en danger, tu as dit un *Ave Maria?*

Je tournais d'un air embarrassé ma cas-
quette entre mes mains, et je regardais
hypocritement le bout de mes souliers.

— Vraiment, demanda mademoiselle Célénie, aurais-tu songé à faire une prière à la
sainte Vierge?

Dame! mettez-vous à ma place; j'étais
fort perplexe. D'un côté, répondre oui,
c'était mentir effrontément; mais si je répondais non, je passais pour un impie, je
scandalisais ces pieuses filles, et je perdais
leurs bonnes grâces. Et puis il y avait là Francine et sa mère qui écoutaient, sans compter
les apprenties; mon importance me grisait,
et je n'étais pas fâché d'entretenir l'intérêt
qu'excitait ma petite personne. Je balbutiais
et j'étais devenu rouge comme un coque-
licot.

— N'aie pas de fausse honte, insista mademoiselle Hortense; réponds franchement,
mon *fi* : tu as dit un *Avé*, n'est-ce pas? C'est
si naturel dans un pareil moment.

— Mon Dieu, murmurai-je, mon Dieu, oui,
mademoiselle.

— Voyez-vous, s'écria triomphalement
Hortense, la sainte Vierge l'a entendu et l'a
miraculeusement sauvé!

22.

— Oui, c'est un miracle, affirma solennellement mademoiselle Célénie ; la vierge
Marie a visiblement protégé cet enfant.
Voilà de quoi faire réfléchir les incrédules
et les esprits forts, ajouta-t-elle en lançant un coup d'œil significatif du côté du
mur de ma grand'tante.

Cette fois, j'étais devenu tout à fait un
héros. On me choyait ; mademoiselle Hortense m'avait apporté une part de tarte, les
apprenties me caressaient ; la mère de Francine en s'en allant me donna une tape sur
l'épaule, et ma Dulcinée, sur le pas de la
porte, tourna encore la tête d'un air d'admiration et d'envie pour contempler ce garçon
dont la sainte Vierge daignait s'occuper tout
spécialement. Je ne me sentais pas d'aise. Il
me semblait que des ailes me poussaient
dans le dos et que j'avais troqué ma toque
polonaise contre une auréole.

Pourtant, une fois au grand air, les fumées
de ma gloire se dissipèrent un peu. Je ne
songeai pas sans un certain remords au
mensonge dont je venais de charger ma

conscience. Tout cela n'était pas très chevaleresque, et mon illustre modèle, le vertueux
et brave don Quichotte, n'aurait certes pas
menti aussi impudemment, fût-ce pour
désenchanter Dulcinée du Toboso.

— Après tout, me dis-je pour m'étourdir,
pourquoi ces vieilles filles me mettaient-
elles ainsi au pied du mur? La chose d'ailleurs n'a pas d'importance ; chacun sait que
les demoiselles Pêche sont très simples, on
croira que j'ai voulu leur jouer une farce et
on leur rira au nez.

Mais j'avais compté sans mes deux dévotes.
Elles tenaient à leur miracle comme si elles
l'eussent opéré elles-mêmes. Mademoiselle
Hortense le contait à toutes ses pratiques,
et, le dimanche suivant, mademoiselle Célénie en fit la relation à la congrégation du
Rosaire. Bientôt l'histoire miraculeuse courut la ville, s'enjolivant d'un nouveau détail
merveilleux à chaque narration :

— Le petit Jacques, ayant roulé au fond
du routoir, avait de l'eau jusque par-dessus
les oreilles et sentait déjà la mort venir,

quand il avait eu la pensée de s'adresser à
la sainte Vierge ; à peine avait-il murmuré
les premiers mots de la *Salutation angé-
lique*, qu'un bras invisible s'était étendu vers
lui et l'avait tiré hors du gouffre.

Quel honneur pour la paroisse et quel
sujet d'édification ! Les congréganistes allèrent en troupe visiter la prairie témoin de
cette intercession miraculeuse, et quelques-
unes des plus ferventes rapportèrent des
fioles pleines de l'eau bourbeuse du routoir.

Le jeudi suivant, quand j'arrivai chez ma
grand'tante, je lui trouvai une physionomie
songeuse et préoccupée.

— Entre et ferme la porte, me dit-elle
d'une voix grave.

Elle était assise dans sa bergère de velours
d'Utrecht, près d'un guéridon chargé de
pots de confitures qu'elle était en train de
recouvrir de papier blanc. Le soleil, qui
passait à travers les rideaux de vieille cre-
tonne, jetait un rayon sur le trumeau de la
cheminée, où un berger, joueur de flûte,
semblait nous lorgner d'un air ironique.

Tout en déchiquetant son papier, ma tante
fronçait les sourcils et fourrageait dans son
tour de cheveux bruns avec la pointe de ses
ciseaux.

— Jacques, reprit-elle d'un ton plus solennel que d'ordinaire, regarde-moi bien en
face. On parle beaucoup de toi en ce moment dans la ville, à cause de ton plongeon
dans le routoir. On raconte l'affaire tout
autrement que tu ne nous l'avais contée.
Est-ce vrai?

Mon cœur battait, je baissai le nez et je
répondis jésuitiquement :

— Quoi? ma tante. Je ne sais pas ce qu'on
dit, moi.

— On dit des choses singulières, qui con-
fondraient ma raison si elles étaient arrivées
réellement.

En murmurant cela, elle semblait se parler à elle-même. Si j'avais eu un peu plus
d'expérience je me serais aperçu du trouble
de ma grand'tante, et, si j'avais été plus
retors, j'aurais profité de son désarroi pour
lui en imposer. L'histoire de l'*Avé Maria*

portait un coup à ses idées voltairiennes, et,
comme elle savait que je n'avais pas l'habitude de mentir, cet incident de la prière
marmottée au fond du trou où j'avais failli
périr bouleversait tout son système philoso-
phique.

— Voyons, continua-t-elle, ne baisse pas
le nez et réponds-moi franchement. Je ne
te gronderai pas si tu dis la vérité.

En même temps ses yeux clairs semblaient
vouloir fouiller dans ma conscience.

— On prétend, poursuivit-elle avec un
accent assez ému, que, lorsque tu étais dans le
trou, tu as récité un *Ave Maria;* est-ce vrai?

Son regard honnête et droit m'embarras-
sait étrangement; tous mes remords se ré-
veillaient, et je ne me sentis pas le courage
de mentir une seconde fois. Je balbutiai
tout penaud :

— Non, ma tante.

Le front de la tante Thérèse se désem-
brunit ; elle poussa un soupir de soulagement, hocha avec satisfaction son menton de
galoche et s'écria :

— Je savais bien, moi, que tout cela était
une invention ridicule. Mais alors, petit
drôle, pourquoi as-tu fait un pareil conte
aux demoiselles Pêche ?

Pourquoi? Ah ! voilà où commençait le
délicat de l'explication.

Je détournai les yeux et regardai sournoi-
sement les murailles et le plafond. La vue
de la gravure de l'*Amour et Psyché* me
remémora heureusement le goût de ma
grand'tante pour les aventures romanesques,
et, avec cette rouerie de l'enfance qui sait
deviner les faiblesses des gens âgés et en
tirer parti, j'eus l'idée de rejeter mon mensonge sur mes préoccupations amoureuses.
Je contai timidement combien j'étais épris
de la petite Francine : elle assistait à l'inter-
rogatoire des demoiselles Pêche et c'était
pour gagner son cœur que j'avais menti,
comme c'était pour la voir de plus près que
je m'étais laissé choir dans la fosse au chanvre. A mesure que j'avançais dans mes confidences, les traits de ma grand'tante se détendaient ; sa grande bouche finit par sourire.

— Comment ! morveux, tu es amoureux,
à ton âge ? En vérité, il n'y a plus d'enfants.

Ces platoniques et enfantines amours
étaient faites pour plaire à ma tante, et elle
ne se lassait pas de m'interroger. Elle
s'amadouait visiblement, et je m'imaginais
déjà qu'elle avait passé l'éponge sur mon
pseudo-miracle, quand brusquement elle se
leva :

— C'est égal, dit-elle, tu as eu grand tort
de mentir, et je n'entends pas que cette
sotte histoire coure plus longtemps la ville.
Viens !

Elle me prit par la main et m'entraîna
hors de la chambre. En un clin d'œil, nous
traversâmes la cour commune, et ma tante,
ouvrant la porte des demoiselles Pêche, me
poussa tout pâle devant elle, dans l'atelier.

Je vois encore l'aspect de cette pièce au
moment où nous y pénétrâmes : Mademoiselle Hortense perchée sur son estrade et
découpant des patrons, mademoiselle Célénie bâtissant un corsage, les ouvrières
penchées sur leur couture, et la porte du

jardin, ouverte toute grande, encadrant un coin de tonnelle d'où une brindille de chèvre-feuille s'élançait fleurie dans l'atelier. Au loin, on entendait le nasillement des canards au bord de la rivière ; une capiteuse odeur de seringa arrivait du jardin par bouffées tièdes.

A la vue de la tante Thérèse, qui mettait rarement les pieds chez ses voisines, tous les bourdonnements de l'atelier s'arrêtèrent ; les apprenties redressèrent la tête, made-moiselle Célénie se leva en faisant cliqueter son chapelet et mademoiselle Hortense des-cendit bruyamment de son estrade.

— Mesdemoiselles, je vous salue bien ! commença ma grand'tante, et je vous de-mande pardon de vous déranger. Mais, comme il circule à propos de mon neveu une ridicule et impertinente histoire de mi-racle, et comme je ne veux pas contribuer à la propagation de l'erreur et de la supersti-tion, je viens vous déclarer que votre bonne foi a été surprise. Il n'y a pas un mot de vrai dans les sottises que vous a débitées ce gamin.

Il y eut un oh! de stupéfaction qui s'échappa en même temps de toutes les bouches des apprenties, puis un silence effrayant régna dans l'atelier. J'aurais voulu être à cent pieds sous terre, j'aurais consenti à dégringoler de nouveau au fond du routoir, plutôt que de subir cet affront public. Mademoiselle Célénie semblait changée en statue, et mademoiselle Hortense, rouge comme un coq, avait laissé tomber son aune.

— Sainte Vierge! murmura-t-elle enfin, que me dites-vous là, mademoiselle Vayeur? Ce n'est pas possible; cet enfant n'aurait pas exposé son salut en commettant un pareil sacrilège. J'aime mieux croire qu'il s'est parjuré devant vous, dans la crainte de vous déplaire. Le respect humain nous pousse parfois à déguiser la vérité aux personnes qui vivent dans le monde, et...

— Je ne suis pas du monde, interrompit ma tante, et cet enfant n'a aucun intérêt à me tromper. D'ailleurs nous allons tirer la chose au clair.

— Dans tous les cas, hasarda prudemment mademoiselle Célénie, un mensonge pieux serait encore préférable à une aussi scandaleuse vérité.

— Vous me la baillez belle, s'exclama la tante Thérèse indignée ; un mensonge est toujours un mensonge, et je veux que mon neveu ne trompe ni moi ni les autres. Voyons, garnement, réponds sans barguigner ; m'as-tu dit toute la vérité et rien que la vérité ?

— Oui, ma tante,

— As-tu conté des menteries à ces demoiselles pour te donner des airs intéressants ?

— Ou...i.

— Ainsi, c'est bien entendu, tu n'as pas dit de prière quand tu étais au fond de l'eau ?

— Non, ma tante.

— Vous le voyez, mesdemoiselles, il n'y a pas eu plus de miracle que sur ma main. La seule chose merveilleuse, c'est que vous ayez cru si facilement aux inventions de ce gamin. C'est comme cela que se forgent les légendes !

— Vous êtes bien prompte et téméraire dans vos jugements, mademoiselle ! répliqua aigrement mademoiselle Célénie ; qui vous dit que la sainte Vierge n'a pas sauvé cet enfant à son insu ?

— Ma foi, riposta vertement la tante Thérèse, en ce cas la sainte Vierge ne connaissait guère ce qui se passait dans le cœur du garnement. Si elle avait su que le drôle était amoureux de la petite Francine et qu'il courait après elle, juste au moment où il s'est laissé choir dans le trou, elle n'aurait probablement pas tendu la main pour l'en retirer. Ce n'est pas que je le regrette, au moins. J'ai toujours pensé qu'il y avait une Providence pour les mauvais sujets ! Bien le bonjour, mesdemoiselles !

C'était la flèche du Parthe ; après l'avoir lancée, la tante Thérèse sortit majestueusement, m'abandonnant à ma courte honte au milieu de l'atelier scandalisé. Je ne savais plus où me fourrer, je lançais des coups d'œil désespérés à droite et à gauche.

— Fi ! le vilain menteur ! s'écriaient en chœur les apprenties.

Mademoiselle Hortense avait ramassé son

aune et la brandissait d'une façon significative en montrant la porte :

— Méchant petit renégat ! s'écria-t-elle, sors d'ici et n'y remets plus les pieds, ou sinon...

— Le bon Dieu te punira, glapit mademoiselle Célénie, tandis que je prenais la poudre d'escampette; cela finira mal pour toi !

Cela finit mal en effet. A la suite de cet esclandre, ma famille jugea qu'il était à propos d'arrêter cette sève de précocité qui poussait de si hardis bourgeons, et on me mit comme interne au collège. Francine entra au couvent des Dominicaines, et je n'entendis plus parler d'elle. La pauvre grand'tante mourut quelques années après. La chambre aux lambris peints n'existe plus, et on a rebâti la maison; mais j'ai gardé mon *Don Quichotte.* Quand je le feuillette, il me semble que les années s'envolent à mesure que je tourne les pages. Je revois la caisse aux vieux livres, le fauteuil délabré, le cytise aux grappes jaunes, le dressoir plein de fruits embaumés :

je crois respirer l'odeur savoureuse de trente
étés évanouis; et ce passé qui ressuscite à
chaque tour de feuillet, avec ses couleurs,
ses formes, ses parfums, c'est là pourtant un
étonnant et beau miracle; la grand'tante
elle-même, malgré son scepticisme voltai-
rien, aurait été forcée d'en convenir et de s'en
émerveiller.

FIN

# TABLE

ÉMILE COLIN. — IMPRIMERIE DE LAGNY

CPSIA information can be obtained at www.ICGtesting.com
Printed in the USA
BVOW02s0959210314

348378BV00011B/312/P